市值管理

企业价值再造与实战全案

黎 刚 胡 璇 于 洁◎著

中国铁道出版社有限公司

CHINA RAILWAY PUBLISHING HOUSE CO., LTD.

图书在版编目（CIP）数据

市值管理:企业价值再造与实战全案/黎刚,胡璇,于洁
著.—北京:中国铁道出版社有限公司,2023.3
ISBN 978-7-113-29582-0

Ⅰ.①市… Ⅱ.①黎… ②胡… ③于… Ⅲ.①上市公司–
市场价值–研究–中国 Ⅳ.①F279.246

中国版本图书馆 CIP 数据核字(2022)第 153648 号

书　　名：**市值管理——企业价值再造与实战全案**
SHIZHI GUANLI:QIYE JIAZHI ZAIZAO YU SHIZHAN QUAN AN
作　　者：黎　刚　胡　璇　于　洁

责任编辑：马慧君　　编辑部电话:(010)51873005　　电子邮箱:zzmhj1030@163.com
封面设计：宿　萌
责任校对：苗　丹
责任印制：赵星辰

出版发行：中国铁道出版社有限公司(100054,北京市西城区右安门西街8号)
网　　址：http://www.tdpress.com
印　　刷：北京联兴盛业印刷股份有限公司
版　　次：2023年3月第1版　　2023年3月第1次印刷
开　　本：710 mm ×1 000 mm 1/16　印张：12　字数：166 千
书　　号：ISBN 978-7-113-29582-0
定　　价：68.00 元

前　言

　　企业的市值可以反映企业当前的发展情况、预测企业未来的发展趋势。良好的市值表明市场对该企业价值的认可度高以及企业融资能力强。而对于持股者来说，市值稳定增长能为他们带来收益。

　　为了能最大化地创造价值，市值管理应运而生。市值管理是现代上市企业运营管理的新理念，对上市企业的影响越来越大，也逐渐成为资本市场中热度最高的财经词汇之一。

　　市值管理是一种战略管理方法，目的是提升企业的市值。也可以说，市值管理的最终目的是实现股东价值最大化、使企业能够持续创造财富。在实际操作中，企业可以通过提升业绩促使股价上升，也可以通过不断扩大企业的资产规模来提升市值。

　　无论对于企业的上市，还是对于企业股东的个人收益而言，市值管理都很重要。但很多企业对市值管理以及相关内容并没有很深入的了解和研究。因此对于企业管理者来说，学习市值管理的相关知识是十分有必要的。

　　作者将丰富的知识积累和多年的实践经验浓缩成这本书，奉献给每一位读者。本书从多方面阐释和解答关于市值管理的问题，例如，市值管理的意义是什么？市值管理有哪些理论内容？市场管理的目标如何设定？上市企业如何进行市值管理？帮助读者真正了解和掌握市值管理的相关知识和技巧，为读者进行市值管理提供一定的借鉴和参考。本书案例翔实、图文并茂，文字浅显易懂，能够深入浅出地帮助读者理解书中内容。

目　录

第一章
为什么要做市值管理

如果企业想要最大化创造价值、最优化实现价值，就要学会运用科学的方法和手段对企业的价值进行综合性战略管理，而这一过程就是市值管理。由此可见，每个有抱负的企业都应该学习如何进行市值管理。本章将从企业价值的识别、塑造和描述三个方面对企业市值管理进行系统讲解。

第一节　企业价值识别

市值管理并非只与企业财务有关，而是涉及企业经营的各个方面，例如企业业绩、品牌价值、资本结构等。简而言之，凡是能够影响企业股票、市值的因素都可以算作市值管理的相关内容。而企业的价值识别是通过企业内部资源诊断、核心能力识别、财务报表分析等途径来实现，帮助企业对自身价值有一个明确的认知。

一、合理的市值利于企业发展

企业的市场价值即市值，它实际上就等于一定时期内企业股票发行总量与其股价的乘积，也是将企业未来的利润折现而成的现值，体现了资本市场对于企业的看好程度。对于股东和相关利益者来说，市值的稳步增长是他们最想看到的结果，因为这保证了他们会获得长期、稳定的回报。

对于上市企业来说，市值是衡量企业实力强弱、管理层绩效好坏、企业融资成本高低的标杆，甚至可以通过它来衡量一个国家资本市场的经济实力。除此之外，市值还代表着投资者对企业的看好程度，市值越高代表投资者越看好该企业，企业获得的发展机会也会越多。同时，市值也为企业提供了科学、合理的财务指标参考。因此,做好市值管理对于企业来说至关重要。

市值管理这一概念来源于价值管理理论,二者之间存在很多相通之处,即都是通过主动运用某种管理方式,提升企业的业绩,进而提升企业的价值,使股东能够获得更多的收益。

当前,价值管理逐渐与市值管理趋同。越来越多的企业意识到,如果想要在市场中保持或提高核心竞争力,就要提高企业的市值。投资者越看好企业,企业获得的机会就越多,竞争力就会越强,企业的市值就会越高,这是一个正向循环。因此,进行市值管理实际上就是采取一些措施提高企业的价值。

企业市值最大化实际上就是企业价值最大化,而这也是股东价值的目标。股东价值分别以资产值、市值和利润三种形态体现。虽然不同企业的股东价值形态存在着一定的差异,但追求股东价值的基本原则是一致的。例如,2014 年,受大熊市影响,很多上市企业的股价纷纷下跌,当时证监会号召上市企业回购股份,稳住企业市值,同时这也是为了保护广大股东的利益。

市值管理能够显著助力企业经营,实现企业的战略目标。市值管理的目的是实现企业价值最大化,它是一项温和、“无副作用”、长期的战略工程。其抓手是上市企业盈利和估值,由上市企业的董事会和股东会做出决策,由经营团队实施,受益主体则是上市企业及其所有股东。上市企业越早进行市值管理,其效果就越好。市值管理接受市场监督,受政策支持。

但是,不能利用资本市场的信息不对称,操纵市场、操纵股价。这最终会给企业带来毁灭性打击,被市场抛弃。

企业必须坚守底线,运用合理、合法的方式进行市值管理。只有这样,企业才能够在市场中守住胜利的果实。

二、波浪理论

企业市值不可能一直都是上涨状态,有涨有落才是常态。美国证券分析家拉尔夫·纳尔逊·艾略特利用道琼斯工业平均指数创建出波浪理论。

波浪理论认为,市场走势具有周期性特点,它是由某一模式呈周期性重复的过程,每一周期由 5 个上升浪和 3 个下跌浪组成。而艾略特将周期模式归为 9 类,从持续数小时的微型周期到横跨 200 年的超大型周期,每一周期都由 8 个波浪构成。

市值管理同样遵守波浪理论,它也由 5 个上升浪和 3 个下跌浪组成。

随着时间的推移,企业市值呈现波浪式上升。上升浪包括:传播价值;股权激励行权;融资、换股并购;大股东减持,平抑股价,防止泡沫与投机。下跌浪包括股权激励计划;向大股东定增,注入资产;股权增持/回购,维护股价和市场稳定。

第二节　企业价值塑造

最希望市值管理发挥作用的当属企业股东,因为无论股东的持股份额有多少,他们都希望手里的股票能更值钱。市值管理的过程实际上是塑造企业价值的过程,二者具有紧密关联。本节我们主要了解市值管理公式以及企业的价值规律。

一、市值管理公式

市值管理贯穿企业发展始终,有利于维持资本市场的稳定,保障企业股东收益。谢风华先生曾经提出了一个市值函数模型:$P = f(M;S;OP;RP;IR;CS;CG;CR)$。其中,$P(price)$为市场价值,$f$为函数(function)的简写,$M(market)$为上市地,$S(sector)$为行业,$OP(operational\ performance)$为经营业绩,$RP(reputation\ premium)$为品牌溢价,$IR(investor\ relationship)$为投资者关系,$CS(capital\ structure)$为资本结构,$CG(corporate\ governance)$为企业治理,$CR(corporate\ restructure)$为企业重组。

由此可见,企业的市场价值与上市地、所处行业、经营业绩、品牌溢价等因素息息相关,而这些因素又可以划分为两个维度,即内部影响因素和外部影响因素。外部影响因素又包括外部可变因素和外部不可变因素。

1. 内部影响因素

内部影响因素指的是企业内部可控的因素,例如经营业绩、资本结构、企业治理等。企业可以通过更改发展规划,对经营模式、盈利模式、组织结构等方面进行优化,进而提升企业的价值创造力,即提升企业的内在价值。

2. 外部影响因素

(1)外部可变因素。外部可变因素包括企业所处行业、品牌溢价等因素。这些因素在很大程度上与外部市场环境密切相关,企业控制、更改起来不容易,但企业可以通过长期计划改变这些因素对企业市值的影响程度。

(2)外部不可变因素。外部不可变因素的数量相对有限,例如上市地。企业上市之后，上市地就不可更改了。而上市地会影响监管部门对企业进行监管的力度和内容，不同上市地的监管部门对企业的监管力度和内容不同。因此，企业在上市之前一定要慎重选择自己的上市地。

企业在进行市值管理时要充分考虑内部影响因素和外部影响因素对企业市值的影响，找到拉低企业市值的关键因素，采取对应的措施，提高企业市值。

例如，格力电器 IPO 当日收盘时的市值约为 37 亿元，而到了 2021 年 12 月，格力电器收盘时的市值达到了 2 190.13 亿元。这一切都要归功于格力电器对内部影响因素和外部影响因素进行综合考量，降低不良因素对企业市值提升的影响。

首先，面对激烈的市场竞争环境，格力电器先后收购了盾安环境等企业，进军新能源领域，不断扩大自己的事业版图，从内生式增长向外延式扩张转变。格力电器借助于收购、并购等多种资本运作手段，不断扩大自身产业规模，拓展新的利润蓝海。同时，格力电器始终致力于把控产品质量，最终成为家电制造业的龙头企业。

其次，格力电器实现投资主体多元化，并将企业的经营权与所有权分离开。同时，格力电器通过股权分置改革、股权激励等方法进一步完善股权结构，使小股东有发言权，避免形成大股东"一言堂"的局面。

最后，格力电器没有在取得一定的成绩后就沾沾自喜，而是持续地关注企业内外各种因素的变动，例如企业内部的人事调整、企业外部的投资并购情况等。

通过这一系列的努力，格力电器的市值不断上涨，而格力电器也成为家电行业当之无愧的龙头企业。

二、企业的价值规律

为了让企业的所有利益相关者都能够获得满意的回报，企业要遵循价值规律,制定合理的发展战略规划,提高企业价值。企业价值越高,它能够给予利益相关者回报的能力也就越高。因此,企业价值能够通过经济定义加以量化、计算,例如企业的会计价值、现金流折算方法等。

而企业市值相较企业价值要更难把握,所以很少有人用企业的价值去估算企业市值。市值虽然会围绕价值上下波动,但这种波动是随机的。

一般情况下,企业价值会有多种表现形式,例如财务管理中的账面价值、内在价值、市场价值等,这些都可以代表企业价值。

(1)账面价值指的是企业的净资产,它以会计的历史成本原则为计量依据,按照权责发生制确认企业价值。资产负债表最能够反映某一时期内企业的账面价值。账面价值的优势在于计算简单、资料易得,但是受企业本身的主观因素影响较大,因此缺乏可比性。而且账面价值代表的是过去,账面价值越大,代表企业过去经营得越成功。但过去的成功并不代表将来的成功,所以在关注账面价值的前提下,企业也要更多地考虑内在价值。

(2)内在价值也被称为投资价值,指的是企业在未来的存续期间内产生的现金流量折现值,在使用时经常需要借助一些假定值,无法精确估算。对于互联网等轻资产企业来说,资本市场更看重它们的内在价值,即成长性。

(3)市场价值实际上指的是企业股票的市场价格,也就是企业的市场溢价。一般来说,企业都希望自己的内在价值能够充分被市场反映出来,这样企业的市场价值也会得到提升。很多行业中的龙头企业的市场价值远远高于其内在价值,这表明市场对它们的发展前景以及创造价值的能力十分看好。企业可以通过投资者关系管理、商业模式革新等措施不断提升自己的内在价值,从而提高股票的溢价能力与自身的市场价值。需要注意的是,市场价值并不等同于企业的账面价值,更多的时候会与企业的内在价值相关联。

例如,软银曾因为向阿里巴巴投资 2 000 万美元而获得了巨大回报。当时的阿里巴巴刚成立不久,急缺启动资金,但大家并不看好阿里巴巴的发展前景。而软银却在看了阿里巴巴的路演之后豪掷 2 000 万美元,很多人都认为这笔投资会血本无归。但软银认为,无论是从阿里巴巴的创始人团队来看,还是从阿里巴巴的发展前景来看,阿里巴巴的内在价值都远不止这 2 000 万美元。而后,预测果然成真,投资阿里巴巴成为最成功的投资案例之一。

实际上,单纯地提高产品质量、降低产品成本在如今的资本市场中并不一定能够实现企业价值最大化。传统的提升企业价值的方法只能够提升企业的账面价值,如今,资本市场中的企业本身也是一种商品,只有追求企业内在价值最大化和高市场溢价,才能够实现企业价值最大化。

第三节 企业价值描述

毫不夸张地说,对于所有企业而言,市值管理都非常重要。市值管理能助力企业实现价值最大化,并且从资本市场角度为企业合理估值,提高市场对企业的评价。

企业的价值描述主要通过外部沟通基调、临时公告撰写、定期报告撰写、路演 PPT 材料、投资者 Q&A、高管团队培训、媒体宣传设计等途径实现。

一、融合的战略管理模式

一般来说,内在价值大的企业的市值都不会低。市值管理是针对企业市值的一种管理模式,它将企业经营、资本运作及利益相关方融合在一起,所以管理企业实际上就是管理市值。

如今,上市企业一般都在两个市场中潜心经营:一个是以企业市值最大化为目标的资本市场,另一个是以企业利润最大化为目标的产品市场。但实际上很多上市企业将重心放在经营产品市场上,鲜少有企业将这两个市场融合起来进行经营。

如果想要经营好一家企业,打造企业的核心竞争力,那么企业应具备产品思维与资本思维。换言之,产融互动是必需的。市值提升是上市企业的终极经营目标,利润不过是暂时的过渡性指标。我们都知道利润会影响市值,但同样的,市值也会影响企业的利润。

企业市值并非单线条增长,它是呈立体螺旋式上升的。而上市企业的发展过程就是产业发展曲线与立体螺旋式上升的企业市值增长曲线相互作用的过程。能够获得成功的企业必然会在市值增长到一定时期开始提前奠定下一轮的产业增长基础,只有步步为营,才能在后续发展中取得更好的成绩,市值才能够再创新高。

市值不仅是上市企业在市场中的具体货币表现,还是企业销售能力、盈利能力的高低,组织结构好坏,运营模式是否合理等的综合反映。高市值的好处有很多,但企业也应该注意,在追求高市值的同时,要有一定的规划,不能盲目,否则只会适得其反。企业需要注意以下四点。

(1)注重对企业经营情况进行全方位的分析。企业不能只对财务方面进行分析,很多时候财务数据并不能代表企业的整体价值和经营状况。

(2)制订合理的发展计划。有了好的计划,企业的市值管理就有了准则,开展起来也会更有条理性,更容易取得预期效果。

(3)高效地实施计划。企业要循序渐进地执行制订好的计划,可以单线程也可以多线程,在必要时可以依据实际情况对计划进行适度调整,不要墨守成规。

例如,知名电商平台亚马逊是电商领域的先锋。它除了对技术领域进行大量投入外,还对企业内部组织结构及管理模式进行升级,促进企业的专业化与规模化发展。此外,亚马逊对市值管理十分重视,它的先进理念和勇于改革的精神深深打动了投资者,投资者十分看好亚马逊的内在价值。因此,亚马逊得以成功进行多轮融资,获得大量发展资金。

亚马逊的业绩不断提升,市值不断增加,投资者获得的回报很可观。这又反向推动资本市场对亚马逊做出更高评价,吸引更多投资者。

在任何情况下,市场中的机遇与挑战都是并存的。特别是在如今这个大变革时代下,机遇与挑战对企业发展的影响更为深远。企业只有立足于长远发展,加强企业市值管理,提升企业的核心竞争力,才能够成功实现企业的战略目标。

二、如何介绍好企业项目

企业的价值往往通过企业的项目体现出来,想要做好企业的价值描述,就要学会介绍好企业的项目。企业可以从以下三个方面介绍自己的项目。

1. 项目团队成员

任何企业在向投资者介绍项目的时候都必须介绍自己的团队构成。如果团队成员中有行业知名人士,那么这就相当于有权威人士为该项目背书,所能带来的利益也就有了更多的保障。如果团队成员中新人较多,那么就可以着重介绍成员的资质和工作经历,并可以适当介绍项目的背景,向投资者展示项目团队的专业性。专业性在很大程度上与项目的投资收益相关,团队成员越专业,投资者对项目的信心也就越大。

2. 项目盈利模式

项目的盈利模式包括品牌盈利模式、金融盈利模式、专利盈利模式等多种模式。

(1)品牌盈利模式致力于提高产品的附加值,即项目主打的不是产品,而是品牌。例如奢侈品品牌所售卖的并不只是产品本身,其高昂价格背后更多的是产品的附加值。

(2)金融盈利模式是利用金融杠杆获利,这种模式多见于股市。例如很多企业在上市之前要经历的天使轮融资就属于金融盈利模式。

(3)专利盈利模式是指进行技术研发,通过专利获利。苹果之所以如此赚钱,并不完全得益于其电子产品的销量很多,还因为苹果有许多项专利在手,这些专利每年能为苹果带来巨额的收入。所以即使未来苹果不再售卖手机、电脑等电子产品,它也依然能够为投资者带来回报。

3. 项目前景分析

项目前景分析的主要目的是展示项目在市场中的地位以及盈利能力。如果一个项目是开创性项目,那么其面对的是蓝海市场,具有很强的盈利能力,更容易得到投资者的青睐。进行项目前景分析时,企业可以采用 SWOT 分析法,全方位向投资者展示项目前景。SWOT 分析法的主要内容见下表所示。

SWOT 分析法的主要内容

S(strengths)优势	内部有利因素
W(weaknesses)劣势	内部不利因素
O(opportunities)机会	外部有利因素
T(threats)威胁	外部不利因素

下面以云南某鲜花连锁店的SWOT分析为例,具体说明SWOT的分析方式。

1.优势(S)

(1)区位优势:该鲜花连锁店位于云南昆明"七彩云南"景区附近,相传该地是诸葛亮七擒孟获的地方,因此有着浓厚的历史人文气息,游客众多。

(2)运营优势:该鲜花连锁店的运营人员都是云南当地的年轻人,能够迅速拉近与年轻游客的距离,促成订单成交。

(3)产品优势:该鲜花连锁店与斗南鲜花批发市场建立了合作关系,能够以最优惠的价格购买到鲜花,真正做到了物美价廉。

2.劣势(W)

云南昆明被誉为"春城",花店众多,特别是在景区附近,走街串巷向游客推荐便宜散装鲜花的商贩更多,因此如何保证客源的稳定性是一大难题。同时,景区附近的租金较贵,开店的成本较高。

3.机会(O)

该鲜花连锁店不仅在线下向游客售卖鲜花,还开发了线上下单系统,充分突破线下实体店客源的区域性局限。线上的同城订单当天即可送达,非同城订单采用"顺丰特快"运输,能够最大限度地保证鲜花的新鲜程度,给予消费者良好的购物体验。

4.威胁(T)

受环境影响,斗南鲜花批发市场的鲜花价格上涨;景区会关闭,游客数量锐减;员工常不能到店工作。

通过SWOT分析法进行分析之后,投资者对于该鲜花连锁店的市场、运营情况等方面有了更深层次的了解。这样专业的项目分析能够增加客户的信任,让客户直观地了解项目的优劣势,更快做出决策。

三、企业价值的传播与实现

市值管理是提高企业盈利能力、降低企业经营风险的重要管理方式。因此，如何科学管理市值、如何合理激励企业管理层就成为众多企业面临的最主要问题。

企业价值的传播主要通过对经济周期的判断、企业对外传播策略的实施、媒体渠道的管理、投资者与客户关系的维护、4R 数据库的建立等途径来实现。无论传播的形式怎样改变，其核心都是吸引更多投资者的关注，对投资者的预期进行管理。企业既不能随意拉高市场对企业的预期，也不能用对抗和反驳的姿态干扰市场的预期判断。当然，企业也不能什么也不干，任凭市场批判，更不可以将市场对企业的预期与某个企业领导的个人形象绑定，这两种情况所带来的后果都是高度不可控的。

因此，如果想要将企业价值传播出去并实现企业价值，企业就要学会管理预期，不要将命运交由他人。管理预期的主要方法是传播 IP，即传播企业战略的关键词。很多企业传播 IP 都是以"语言钉"为主，但是传播过程需要不断重复，使市场中的大众将"语言钉"与企业紧紧联系在一起，形成企业的传播资产。需要注意的是，企业想要传播的"语言钉"既不能突兀，又不能过于普遍，一定要朗朗上口，使市场中的大众和投资者能够牢牢记住。

例如，食品加工企业旺旺就以其广告词"我要旺！我要旺！""每天起床第一句：旺旺！"等脍炙人口的广告词，将"旺"与自己的产品牢牢地绑定在一起。以致人们对旺旺形成了一种印象，那就是有什么乐事、喜事都要买旺旺，希望能够带给自己好运。

传播 IP 的工具有四种，即告知、倾听、邀请参与和领导。这四种方法针对不同的利益相关者,在不同的场景下会产生不同的效果。例如,旺旺在广告中针对大众更多的是告知,告诉大家购买旺旺的产品就会"旺";而在与合作伙伴谈业务的时候,旺旺则更多的是邀请参与的姿态,而不是一味地输出"自己的产品很好"的观点。

如果不能抓住利益相关者身份不同这一差异点,那么企业价值的传播很大程度上会以失败告终。因此,企业一定要注意利益相关者的身份,避免功亏一篑。

第二章
市值管理理论、参数及分析方法

　　企业价值、市值管理以及估值这三个词经常被投资者与企业家们提及，上一章简单讲述了市值管理的相关概念以及市值管理的价值模型，本章讲解估值的相关知识。

　　估值是投资者对企业或其业务的内在价值进行相对准确的评估，是对各种交易进行定价的基础。市值管理是以企业价值最大化为目的，同时企业价值的提高也会提升企业的估值，因此企业的市值与估值是密不可分的。从狭义的角度看，企业的价值就是企业的市值，企业的估市值就是企业的估值。因此市值管理也就是估值管理。

第一节　估值理论角度

估值这一概念最初多用于股市,体现股市中某种股票的价值。这里的估值主要是指对企业的估值,与市值管理密切相关。本节将从两方面来解释估值的定义以及估值的具体方法。

一、对企业的内在价值进行评估

企业估值着眼于企业本身,对企业的内在价值进行评估。一般来说,投资者将资金注入企业后,所占有权益的大小首先取决于企业的价值高低,而企业价值的高低要通过对企业内在价值进行评估得出结论。而评估又是根据企业的资产及获利能力进行的,因此得出的企业评估价值也就是企业的估值。

估值是证券分析的基石,也是企业进行市值管理的重要条件。它最早被提到是在约翰·伯尔·威廉姆斯于 1938 年出版的《投资估值理论》一书中。

定价发现是金融市场最基本的功能之一,而体现在股票市场上,就是给上市企业发行的股票定价,也就是给股票估值。

2020 年 12 月 11 日,"盲盒第一股"泡泡玛特在香港上市,发行价为每股 38.5 港元。上市首日开盘涨幅超过 100%,开盘价为每股 77.1 港元,收市时市值超过 950 亿港元。在之后的两个月,泡泡玛特股价上涨到每股 107.6 港元,市值约为 1 500 亿港元。泡泡玛特是如何从零售小商店成为中国潮玩行业的龙头? 我们来看看它兴起的原因。

1. 外部原因

(1)居民文化娱乐消费增长迅速

潮玩消费属于教育、文化和娱乐支出,近年来居民人均教育文化娱乐消费支出逐渐上升,占人均消费支出的比例从 2014 年的 10.60% 上升至 2019 年的 11.66%(2020 年受环境影响有所下降),如下图所示。居民消费升级,意味着消费者在追求更精致的生活方式以及产品带来的情感满足。因此,盲盒类的潮流玩具表现出了强大的消费潜力。

居民人均教育文化娱乐消费支出及其占居民人均总消费支出的比例

(2)潮玩市场高速增长

潮玩市场现处于早期高速增长阶段。潮玩零售市场规模由 2015 年的 63 亿元增长至 2020 年的 294.8 亿元,预计 2024 年可达到 763 亿元。

潮玩粉丝群体主要集中在 15 ~ 40 岁,他们忠诚度高且能接受高价格,27.6% 的消费者甚至愿意为喜爱的潮玩支付高于 500 元的价格。

2. 内部原因

(1)潮玩的工业化改造

潮玩是指融合了潮流文化内容的玩具,与儿童玩具不同,潮玩是成年人的玩具。从行业发展历程来看,2005 年市场开始出现潮玩工作室与独立艺术家,但一直属于小众市场。2016 年泡泡玛特对潮玩的工业化改造使其走入大众市场,潮玩隐含的投资价值因工业化生产被大幅降低,亲民价位让其成为大众消费品。

(2)盲盒的销售形式

盲盒的销售形式让消费者在付款之前无法确定买到的是哪款商品,这与福袋、扭蛋等销售形式有异曲同工之处,都可以让消费者在"摇盒""拆盒"的过程中的心跳加速,提升消费体验。泡泡玛特将艺术、商业和娱乐有机结合,不仅降低了潮玩的消费门槛,还用极具感官刺激和娱乐性的盲盒销售形式刺激重复消费行为。

(3)IP 经营

泡泡玛特以 IP 经营为核心,目前有三种 IP 运营思路,即 IP 联名、IP 产品设计以及 IP 授权。除了成功塑造了很多自有 IP 外,还与迪士尼、哈利·波特等知名 IP 合作,拓展新消费群体,以覆盖各个层级潮玩爱好者的需求。

泡泡玛特能获得如此高的估值代表了市场以及投资者对泡泡玛特未来发展的看好与高预期。市场前景广阔、商业运营模式优秀,这些都为泡泡玛特的巨大发展潜力奠定了基础。

企业估值决定了企业在换取投资时需要交给投资者的股权,反映的是每个投资者对企业成长的预期,因此项目早期阶段的估值更看重增长潜力而不是现值,这也是为什么很多早期创业项目能够获得一定融资,拥有估值的原因。

但由于估值的立足点不同,投资者对于企业的业务来源和业务领域的定位也有所不同,估值范围的业务构成、企业盈利增长率和假设期限都不同,因此,最终的估值也有差异。能够精确、有效实现企业估值的方法就是对企业做全面的了解。

估值的结果代表了企业长期增长的稳定性。如果一家企业保持100年的利润增长,理论上估值水平也相对较高,符合长期投资者的买入特征。相反,有些行业周期性很强,每隔一段时间行业的龙头企业就会发生更替,处于这种行业的企业发展不稳定,因此估值相对较低。

对于企业而言,不断提升自己的内在价值是实现高估值的重要基石,因此一定要对自己有精准定位,做好内部管理,以获得更多资金流入。

二、合理的估值是市值管理的开端

合理的估值是市值管理的开端,估值会对企业市值及企业的众多环节造成影响,例如融资、并购、重组、新股上市等。

对企业估值有利于正确评价企业或业务的内在价值,确立对各种交易进行定价的基础。它还可以将对行业和企业的认识转化为具体的投资建议,预测企业的策略及实施对企业价值的影响,能够帮助深入了解影响企业价值的各种变量与相互关系,判断企业的资本性交易对其价值的影响。

一般情况下,企业的价值越高,投资的回报率越高,企业在市场上就越会被看好,企业的估值也就越高。

但企业价值是个很抽象的概念,投资者可以通过企业在资本市场中的交易来评估企业价值,即通过各方面的估值来衡量企业的价值,从而对企业的市值进行管理。这类似于商品价值与价格的关系,如果商品不交易,没有价格,就无法体现价值。

在企业生命周期的不同阶段,其盈利能力、成长性和成长空间都有较大的差异,这必然会反映在企业的估值水平和股价上。

随着企业市值规模的不断增大,业绩增幅不等于股价增幅,此时企业的股价上涨较为困难。例如,要使一家市值 200 亿元的企业的市值提升 1 倍,正常情况下,这家企业的业绩增幅需要远超 1 倍。

企业上市过程中,企业市值未达到 200 亿元时,很大程度上能获得超过 30 倍的 PE 估值,当企业市值的范围在 200 亿~400 亿元时,估值水平会显著下降。

企业市值处于 25 亿~200 亿元时,企业发展迅速,此时资本市场的关注点是企业业绩能否兑现,从中长期看,企业要想有效突破 200 亿元市值,就必须向资本市场交出优质的业绩答卷。当企业市值超过 200 亿元,投资者会考虑企业发展的天花板问题,如果企业在这一阶段没有对成长模式进行有效创新,那么企业的估值水平将明显降低,市值增长难度增加。

市值 = 净利润 × PE(市盈率),其中,净利润是企业经营的结果,市盈率是资本市场给出的估值水平,市盈率的影响因素和形成机制来自资本市场。

从这个等式看,企业有两条提高市值的基本途径:一是提高经营利润;二是立足于资本,提高估值水平(市盈率)。由此可知,企业的市值管理既要管理经营利润,又要管理估值水平,并重视二者之间的因果和互动关系,以实现企业价值最大化。

估值是市值管理的核心抓手,作为上市企业综合实力的展示,市值的影响因素十分复杂。因此,以优化影响市值的因素为重任的市值管理,其内容也十分丰富和复杂。抓住估值水平这条红线,顺线而上,先进行企业治理、信息披露、市场预期、企业透明度和品牌美誉度等一系列操作,再往上进行投资者关系、分析师关系、媒介关系等优化工作,确保提升企业估值水平的管理核心任务顺利完成。

第二节　价值决定价格

企业估值的逻辑是价值决定价格,有效市场里的企业估值都是明确的,但股票的内在价值、企业的价值却不是十分明确,只能对其进行估算。

企业估值方法通常分为两类:一类是相对估值方法,例如市盈率、市净率、市销率估值法等;另一类是绝对估值方法,例如股利折现模型估值、自由现金流折现模型估值等。本节将具体介绍这两种估值方法。

一、相对估值

相对估值是指并不直接得到股票价格的参考值,而是通过与历史股票价格和其他股票进行纵向和横向的比较得出估值水平的结果。相对估值简单、易操作,是企业常用的估值方法。相对估值的具体方法有很多种,比较常用的有以下几种。

1. 市盈率法(PE 法)

市盈率指在 12 个月或者一个会计年度的考察期内,市值和净利润的比率。

计算公式:市盈率＝每股市价/每股盈利

市盈率分为静态市盈率与动态市盈率两种。其中静态市盈率体现了企业上一个财务年度的利润或前12个月的利润。动态市盈率体现的是企业当前财务年度的利润或未来12个月的利润。

市盈率值的确定要从两个方面出发:一是将企业市盈率与行业平均市盈率或行业未来两年的平均市盈率相比;二是该企业的预期市盈率值以及历史市盈率值。

通过市盈率法(PE法)进行盈利预测,既要参考历史财务数据及增长率预测企业未来业绩,又要根据未来合同订单、生产和销售计划等经营数据预测企业未来业绩。

市盈率法(PE法)的优点是数据容易获得,有广泛的数据可以参照、比较,适用于轻资产的企业。

2. 市净率法(PB法)

市净率是指每股市价与每股净资产的比率。相较于PE法,市净率更适合拥有大量固定资产及账面价值的企业。

计算公式:市净率＝每股市价/每股净资产

市净率法(PB法)的优点是概念易懂、变化稳定、鉴别性强,当企业出现亏损时仍能使用。换言之,市净率法体现的是在企业清算后,投资者依然能够得到的资产。

3. PEG 估值法

这一方法从PE法的基础上演变而来,"G"是英文单词growth的首字母,表示企业未来几年的复合增长率。

计算公式:PEG＝(每股市价/每股盈利)/(企业年盈利增长率×100),实际上,这一公式是市盈率和盈利增长率之比。

相较于 PE 法,PEG 估值法更注重考虑企业的成长性和对企业未来的预期,因此,PEG 法一般适用于成长速度快的企业。例如,互联网行业的高成长企业,业务发展到一定程度后,会出现爆炸式的增长。

关于 PEG 值,国际上有一定的标准。PEG 值在 1 以下,说明企业的安全性高,并具备吸引力;PEG 值处于 1～1.5 之间,说明估值处于可以接受的范围内;当 PEG 值高于 1.5 时,则表明估值偏高。

假设有一家上市企业的 PE 为 50 倍,在企业发展稳定时期,这一估值显得偏高。但如果它处于成长期,未来几年的盈利复合增长率为 50%,其 PEG 值为 1,估值就不算高。

4. 市销率估值法(PS 法)

计算公式:市销率 = 每股市价/每股销售额

使用这一估值方法的前提是必须明确所涉及销售额的主营构成,以及有无重大进出。需要找出企业在很长一段时间内的历史最低、最高和平均三个市销率区间。考察周期至少为五年或一个完整经济周期。

因此,这一方法适用于经营平稳、高速增长的企业,或者经营困难、没有利润的企业,不适用于业绩波动大的企业。

相对估值法是投资者使用最广泛的估值方法。采用相对估值指标对企业价值进行分析时,还要对宏观经济、行业发展以及企业概况进行综合分析。在估值模型建立时,应注意选择恰当的企业进行估值比较,以确保企业估值的合理性。

二、绝对估值

绝对估值通过资本化定价方式,预估企业未来的股利或未来的自由现金流,从而通过折现的方式得到股票的内在价值。现金流是未来一段时期的预期值,因此应按照贴现率计算出现值,即资产的内在价值与预期现金流的贴现值相等。当一家企业在不增加资本的情况下就能增加其净现金流时,贴现率取无风险收益率与净现金流的预期增长率之差。

收益贴现法,主要包括股利贴现法(DDM)和折现现金流模型(DCF)。其中,折现现金流模型(DCF)又分为股权自由现金流模型(FCFE)和公司自由现金流模型(FCFF)。

在实际运用绝对估值法的过程中,企业首先需要计算出一段时间内的自由现金流;其次估算出一个后期的永续价值;最后将二者相加,即可核算出企业价值。

巴菲特在买入可口可乐的股票时,使用 DCF 估值模型对可口可乐的内在价值进行了估算。在这里对其具体估算方法进行简单的复盘。

1981—1988 年,以 1988 年美国国债 30 年期收益率 9% 为标准,可口可乐的净现金率的年均增长速度为 17.8%。

计算公式为:现金流量现值 = 持有期末现金现值/($k-g$)。k 为贴现率,g 为增长率。当 $k>g$ 时,使用该公式,即第 10 年以后使用该公式进行计算;$k<g$ 即增长率为 15% 的前 10 年,见下表。

增长率为 15% 的前 10 年相关数据

现金单位:亿美元

预期年份	1	2	3	4	5	6	7	8	9	10
估计稳定现金流	9.52	10.95	12.59	14.48	16.65	19.15	22.02	25.33	29.13	33.5
复利现值系数	0.917	0.842	0.772	0.708	0.650	0.596	0.547	0.502	0.46	0.422
年现金流量现值	8.74	9.22	9.72	10.26	10.82	11.42	12.05	12.71	13.41	14.15
现金流量总量	112.5									

具体的估值计算过程如下：

（1）按照 1988 年现金流量 8.28 亿美元，每年复合增长 15% 的条件计算各年的现金流量，再将各年的现金流量按照 9% 的贴现率分别贴现到 1988 年，最后将每年的贴现值相加求和，即 112.5 亿美元。

（2）将第 10 年的现金流量当作永续年金，使用永续年金现值公式将第 10 年后的现金流量贴现到第 10 年底，由于第 10 年之后的现金流量每年复合增长 5%，贴现率调整为 5% ~9%，即第 10 年的现金流为 35.17 亿美元。

第 10 年后的现金流量贴现到第 10 年年底的现值 = 35.17 ÷（9% - 5%）= 879.25（亿美元）。

（3）通过复利现值公式，将"第 10 年之后的现金流量贴现到第 10 年底的现值"贴现到 1988 年，即 879.25 × 0.422 4 = 371.40（亿美元）。

（4）将第一步与第三步得到的结果相加，得到 1988 年可口可乐股票的内在价值 = 112.5 + 371.40 = 483.9（亿美元）。

（5）假设可口可乐的现金流量以 5% 的复合速度增长，通过永续年金计算公式计算出 1988 年可口可乐的内在价值。1988 年现金流量 8.28 亿美元 = 永续年金，现金流量每年复合增长 5%，贴现率为 5% ~9%，由此可知，未来现金流量贴现到 1988 年的现值 = 8.28 ÷（9% - 5%）= 207（亿美元）。

估值结果：1988 年可口可乐的内在价值区间为 207 亿美元到 483.9 亿美元。比 1998 年巴菲特买入可口可乐股票的市值 148 亿美元还要高。

巴菲特通过对可口可乐进行估值，预测可口可乐未来 10 年的增长潜力是巨大的，最终选择买入可口可乐的股票。

与相对估值法相比,绝对估值法的优势在于能够较为精确地展示企业股票的内在价值。但是参数的选择较为困难,在实际评估中对自由现金流的预测、未来股利和现金流的预测偏差以及贴现率的选择偏差,都会对估值的准确性造成影响。因此,无论是相对估值,还是绝对估值,都是着眼于企业本身,对企业的内在价值进行评估。

第三章
系统性风险影响企业市值

　　系统性风险是指在相关联的机构和系统中，一个事件带来一系列连续损失的可能性。系统性风险又被称为不可分散风险，即不能通过分散投资来消除风险，因此一旦出现系统性风险，企业受到的影响会非常大。上市企业尤其需要对系统性风险提高警惕，以免影响企业的发展全局。

　　本章将从系统性风险的来源与系统性风险对企业的影响两个角度讲述系统性风险对市值的影响。

第一节　系统性风险

系统性风险原意为金融机构因外部冲击或内部变化不得不面对整个金融系统的剧烈震荡或危机,同时有可能面临经济损失。系统性风险属于宏观风险,其破坏性极大。本节将从系统性风险出现的来源、原因及对策等方面具体介绍系统性风险。

一、风险的来源

系统性风险是指由政治、经济、社会等因素变动导致的资产价格变动。与系统性风险相关的因素有政策、利率、购买力、汇率等,这些因素贯穿于整个金融交易或金融活动的过程中,具有不可预测性,企业与投资者无法提前预知。因此一旦发生系统性风险,就会导致所有股票或汇率都发生巨大变化。

一般而言,系统性风险主要是由单独金融事件引发的整个金融体系的危机,会导致经济和社会生活面临重大损失的风险,如金融机构倒闭、价格波动等。一个金融事件引起金融体系系统性危机的过程可能包括以下几步:第一,它可能开始于金融市场价格的下跌或某一金融机构一次交易的失败;第二,金融市场价格的下跌迅速波及其他市场、其他国家;第三,金融市场价格的下跌导致一家或多家金融机构倒闭;第四,金融机构倒闭引发银行和支付体系的危机;第五,如果危机蔓延,最终会对实体经济造成严重影响。以上几步可能逐步发生,也可能同时发生。

理解系统性金融风险还需要把握以下几个方面:

首先,系统性风险不是指单一金融机构的破产或某一金融市场价格波动的风险,而是影响整个金融系统稳定的风险。单一或局部风险不属于系统性金融风险。

其次,随着金融机构和市场之间的联系增强,任何一个细小的金融风险都可能对其他机构或市场产生影响,进而引发系统性风险。

最后,系统性风险受外部影响较大。风险会从一个机构、市场向另一个机构、市场传播,导致系统性的市场震荡,从而影响到绝大部分的金融机构、市场甚至实体经济,单个金融机构倒闭的影响最终会由金融系统的所有参与者共同承担。

一般系统性风险是由关系全局的因素引起,如世界经济或某国经济发生严重危机、持续高涨的通货膨胀、特大自然灾害等。其中最为典型的案例就是美国次贷危机带来的金融危机。

美国次贷危机爆发后,由于国际传导效应,很快形成一场席卷全球的金融危机,后又转变成全球范围内的实体经济危机。

金融危机对美国经济造成巨大破坏,多家金融机构破产或被政府接管。在金融危机的持续影响下,很多金融机构被收购甚至破产,银行破产倒闭数量明显增加。据统计,美国2008年有25家银行倒闭,超过之前5年的总和,2009年前两个月内银行倒闭数量更是急剧上升到14家。

金融危机对各大投资银行同样造成了沉重打击。例如,2008年3月,美国排名第五的贝尔斯登银行被摩根大通收购;9月,美国排名第三的美林证券被美国银行收购;历史悠久的、排名美国第四的雷曼兄弟企业陷入财政危机,于9月宣布破产;华尔街前五名的投资银行倒闭了3家。

金融业遭到重创的同时,实体经济必然会受到影响。金融危机之后,企业和居民的财富缩水,借贷成本提高,企业投资减少,居民失业率增加。2008年下半年,美国GDP为负增长,经济呈衰退状态。据统计,2008年9月,美国就业岗位减少了16万个左右;截至2009年2月,美国申请失业救济人数达到498.7万人,失业率达到7.6%。

作为全球最大的经济体,美国的金融危机必然会波及全球经济。美国金融业的重组导致美国的投资资金大量回流,资金流出国的投资需求得不到满足,导致经济增幅下降甚至衰退。

由于市场和宏观经济的变化,美国的次贷危机影响了整个行业,这就是系统性风险所带来的影响,也正是因为这次的惨痛代价,人们开始重视系统性风险。

系统性风险的来源是多方面的,主要有政策风险、利率风险、购买力风险及市场风险等。

1. 政策风险

政府经济政策、管理措施的调整影响企业利润、投资收益的变化;证券交易政策的变化直接影响证券的价格。而其他一些政策的变化,例如私人购房政策的变化,也会影响证券市场资金供求关系。因此经济政策、法规的出台、调整,对证券市场会产生影响,影响较大时,会引起市场整体的波动。

2. 利率风险

市场价格受市场利率水平的影响,市场利率提高时,股市资金供给就会发生变化。

3. 购买力风险

由于物价的上涨,等额的资金无法购买与过去相同的商品。而物价变化引发的资金购买力的不确定性即为购买力风险,也称为通胀风险。在证券市场上,投资证券的回报通过货币的购买力展现,通货膨胀造成货币的购买力下降,投资收益也会因此下降,给投资者带来负面影响。

4. 市场风险

市场风险在证券投资中较为常见,通常由证券价格起伏不定引起。市场整体估值较高时,市场风险也随之加大。

总之,系统性风险的发展是极其迅速的,具有明显的普遍性。系统性风险一旦发生,对于企业的打击是十分严重的,因此了解和识别系统性风险是企业防范系统性风险的前提。

二、风险的成因

由于系统性风险具有普遍性的特点,要想弱化甚至规避风险带来的影响,首先需要深入了解系统性风险出现的原因,如右图所示。

1. 政府的隐性担保越来越难

政府的隐性担保能争取时间来逐步解决风险问题。但因为持续的隐性担保会引发更多问题,所以如今获得政府的隐性担保越来越难,很多企业不得不进行利率市场化,释放金融风险。

2. 高杠杆带来的风险

从 2009 年开始,非金融的杠杆受到刺激政策等因素的影响,GDP 上升了大约 100 个百分点。但实际上可投资的金融资产相对有限,高杠杆在很大程度上会引发风险。

3. 僵尸企业

正常企业平均的资产负债率为 51%,而僵尸企业平均的资产负债率为 76%,如果大环境与市场真正能清理掉僵尸企业,那么对去杠杆与控制

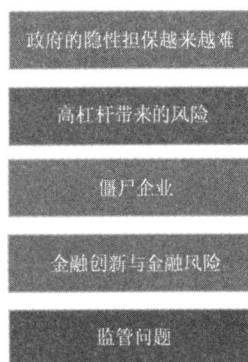

政府的隐性担保越来越难

高杠杆带来的风险

僵尸企业

金融创新与金融风险

监管问题

系统性风险出现的原因

风险都有很大帮助。

4. 金融创新与金融风险

互联网金融的平台特性最为明显,有带来垄断的潜在风险,并且会增加"羊群效应",而且互联网金融平台和传统金融机构的合作也会出现新问题。

5. 监管问题

与其他风险相比,系统性风险的监管更加复杂、困难:一是难以进行系统性风险的估测;二是不能快速找到注入流动性资金的渠道。

虽然监管部门为预防金融风险制定了相应规范,但这些规范在不同行业和部门之间无法统一,实施效果并不理想。

倾覆之下,安有完卵。出现系统性风险时,全球经济都会受到毁灭性的打击,整体市场水平受到直接影响,股指下行,估值水平会大幅下降。

当前的大环境所存在的系统性风险影响着各行各业的发展,很多企业难以应对系统性风险,因此,企业一定要小心、谨慎,从自身做起,谨防系统性风险带来的负面影响。

三、风险应对方案

了解了系统性风险产生的原因,那么企业该如何应对? 传统的应对系统性风险的监管措施之一就是把金融市场进行明确分工,禁止混业经营。而在当代金融市场中,金融创新活动越来越多,这就使得传统的分割式监管越来越困难、越来越无效了。

监管体系必须是灵活的,且要以风险管理为原则,而不是根据设定好的规则来实施监管。因为当代的金融系统不再是简单的服务系统,其需要综合考虑风险管理及自身发展。因此,监管系统要能够基于市场变化迅速做出反应。

防范系统性风险的对策有哪些？主要有以下几个方面。

1. 发展壮大实体经济

企业要加大技术创新投入，提高企业创新力和竞争力，整体实体经济的增强会提升企业对系统性风险的应对能力。

2. 健全金融监管体系

健全金融监管体系不仅要提高监管的灵活性，还要加强监管体系与各种经济政策的协调，加强不同监管部门之间的协同。

3. 强化安全能力建设

加强对系统性风险的研究，准确把握其演化规律，推进金融市场基础设施建设，确保金融基础设施稳定。

总之，应对系统性风险，企业一定要加强自身实力的建设，提高自己的创新能力和市场竞争力。企业实力越稳固，对系统性风险的承受力也会越高。同时，企业也要对市场风险有充足的认识和分析，把握其规律，并根据外部环境随时调整自己的策略。

第二节　诸多外部因素的影响

提升企业市值，最重要的是加强企业的市值管理。但影响市值提升的因素不只存在于企业内部，企业的市值变化同样受诸多外部因素的影响。

本节将从宏观经济影响、行业影响以及上市地的影响三个角度来进行分析。

一、投资者收益可能出现变化的因素

宏观经济因素、经济政策、全球范围内的经济因素变化，以及市场的周期性波动,都可能使投资者收益产生变化。

2018 年,我国科创板设立注册制;2019 年,科创板注册制上海试点正式成立;2020 年,创业板注册制在深圳试点正式成立。

2021 年 3 月,"十四五"规划提出"为提高上市公司质量,要全面实施股票发行注册制"。同年 11 月,北交所正式开市,同时建立了股票发行注册制审核流程。

在一系列政策的持续推进下,A 股(人民币普通股票)IPO(首次公开募股)的数量和金额创历史新高。根据相关机构调查数据显示,截至 2021 年 12 月 31 日,A 股共发行新股 524 支,同比增长 19.9%,募集资金约 5 400 亿元,同比增长 12.9%。

目前,我国股票发行制度仍以核准制为主。全面实施注册制正在路上。宏观经济政策的变化会对企业市值产生巨大影响,同时也会对投资者收益产生巨大影响。

二、行业影响

行业影响投资者对企业的认知与预期,影响企业的市值。通过对行业的分析,能更加明确地了解某个行业的发展状况,以及企业所处行业生命周期的阶段,并据此做出正确的决策。例如,100 年前,美国的铁路发展非常兴盛,铁路股票也炙手可热。但如今,超过一半的美国人甚至没有坐过火车,铁路股票很难引起投资者兴趣。而曾经无人问津的计算机产业和移动设备制造业的股票则愈来愈热。

我们可以通过对比如今发展火热的互联网龙头企业腾讯与传统银行业的市值来观察不同行业对企业市值的影响。

2021 年 1 月 25 日股市开盘后,腾讯控股股价持续攀升,月内累计涨幅超过 30%,总市值达到了 5.91 万亿元。而同一时期的工商银行、建设银行、农业银行、中国银行、邮储银行和交通银行 6 家国有银行的总市值加在一起为 5.69 万亿元,与腾讯控股的市值还有一定的距离。

这就说明市场投资者更看好腾讯这类互联网企业的成长性。这就是不同行业对投资、对企业发展带来的差异性影响。

不同行业会对估值产生较大的影响,对于腾讯这种高成长性的互联网企业,资本市场所给的估值较高,而国有银行属于银行股,市盈率普遍较低。仅靠股息和市盈率难以满足投资者的盈利需求,因此银行股的吸引力较低。

而且银行属于传统行业,估值方式多以净资产和盈利能力为主。而互联网这种新型企业多以市场份额和用户数量为主。

行业对市值、估值有着很大的影响,因此,对行业进行分析是更好地进行企业分析的基础。了解其他同类企业的状况,通过横向对比明确目前企业在同行业中的位置,再加上对企业的具体经营状况和财务状况的分析,从而在激烈的现代经济竞争中为企业寻求一条出路。

行业所处的生命周期也同样制约企业的生存和发展。汽车诞生前,欧美的马车制造业非常繁荣,然而现在的汽车行业都已进入生命周期中的稳定期。如果某个行业已经处于衰退期,那么无论这个行业中的企业资产多雄厚、经营管理能力多强,都无法摆脱整个行业下滑的趋势。

那么,如何判断企业所处行业的景气程度?可以从下面三点入手,如下图所示。

判断企业所处行业的景气程度

(1)从商品形态分析企业产品是生产资源还是消费资源。一般情况下,相较于消费资源,生产资源受行业变动的影响更大。当经济好转时,生产资源的产能增加比消费资源快;当经济下滑时,生产资源的生产萎缩也快。

(2)从需求形态分析企业产品的销售对象及销售范围。明确企业的产品是以内销为主,还是外销为主。内销易受国内经济政策因素的影响,外销则易受国际经济贸易环境的影响。

(3)从生产形态分析企业是劳动密集型企业、资本密集型企业还是知识、技术密集型企业。随着技术的发展,一些劳动密集型企业已经逐步被知识、技术密集型企业取代,例如人工智能行业发展前景广阔,广受投资者的青睐。

三、上市地的影响

企业上市涉及上市地的选择问题,而上市地的选择涉及法律、上市成本、影响力以及投资者偏好等要素。此外,还需要考虑上市地对企业市值的影响,因此企业需要综合考虑上市地。

不同地区的市场,呈现出不同的特性和偏好,同时也反映出投资者的特点。例如,A股市场的估值一直都处在比较靠前的位置。

不同的上市地因规定与环境的不同,对上市企业的市值有不同程度的影响。因此,企业在挑选上市地时,一定要充分了解不同上市地的特点,结合自身发展状况选择最佳上市地。企业在美股上市肯定要比在A股上市的市盈率低。

不同的板块之间的市盈率差别也很大,例如主板、创业板、新三板等。因此,准备登陆资本市场的企业最好先选A股市场,对具体板块的选择也要结合企业自身的所处阶段和特点确定。

第四章

企业高效融资

○────────────────────────────────○

对多数创业者来说,仅凭内生式发展很难将企业快速做大。此时就需要通过融资的方式获得扩张的资金。创业者能否高效、有节奏地融资,很可能决定着创业的成败。

本节会讲到融资的全生命周期,也会讲解一些非上市企业的案例,因为市值管理不但在上市企业中有效,在非上市企业中同样有效。

第一节　融资阶段准备

进行融资之前首先要了解融资的基础知识,其次要明白商业计划书对融资的作用。本节将对企业融资阶段以及如何撰写商业计划书两方面进行具体介绍。

一、企业融资阶段

常见的融资阶段有种子轮、天使轮、A 轮、B 轮、C 轮、上市。下面以陌陌为例来具体讲述企业的融资阶段。

1. 种子轮

处于种子轮阶段的企业在品牌、产品、运营方面尚未发展成熟,风险很大。国内外的数据都表明,种子期企业的成功率不足 10%。这一阶段投资量级一般为 10 万 ~ 100 万元人民币,这个阶段的特点是投资风险高,但投资者能以较少的投资获得较多的回报。

2. 天使轮

处于天使轮阶段的企业已有产品雏形和初步的商业模式,并积累了一定数量的核心用户,此时的投资量级为 200 万 ~ 800 万元人民币,投资者多是天使投资人或天使投资机构。这个阶段的投资风险非常高,成功率特别低,实际上它是风险投资的一种特殊形式,是对高风险、高收益初创企业的第一笔投资。当然有时候种子轮和天使轮的区别不是很明显。

● 投资人当时所占股比/稀释比例 ● 融资金额(单位: 万美元)

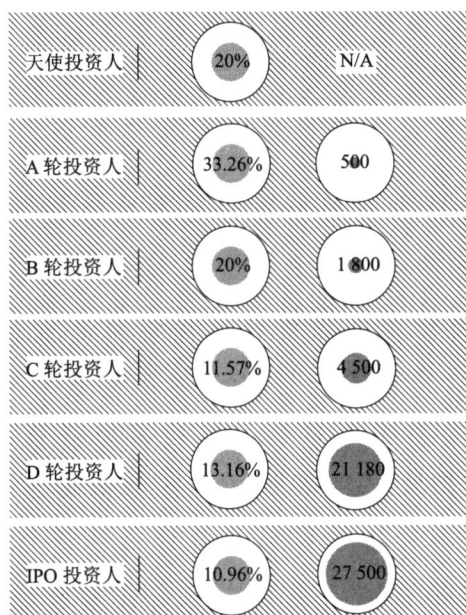

天使投资人	20%	N/A
A 轮投资人	33.26%	500
B 轮投资人	20%	1 800
C 轮投资人	11.57%	4 500
D 轮投资人	13.16%	21 180
IPO 投资人	10.96%	27 500

陌陌的融资进程

唐岩是陌陌的创始人,他是一位经验丰富的连续创业者,在业内比较知名,因此陌陌在成立初期就获得了天使轮融资。

3. A 轮

在这一阶段,企业有了成熟的产品,逐渐具备完整、详细的商业模式及盈利模式,且在行业内拥有一定的地位和口碑,但企业可能依旧处于亏损状态。

在 A 轮阶段,投资者多为专业的风险投资机构(VC),投资量级为1 000万~1 亿元人民币。A 轮和天使轮相比,投资风险较低,并且成功率稍高,作为早期投资,成功后的回报也非常高。

运营一年后,陌陌的 MAU(月活跃用户人数)达到 50 万人,但此时它的 ARPU(单用户贡献)为 0 元,收益依然是 0。A 轮后陌陌获得了大笔资金,因此进行了大规模的推广活动,6 个月后因花费过多,又进行了 A + 轮融资。由于大量资金的注入,陌陌的 MAU(月活跃用户人数)达到 500 万人,开始收益。虽然 ARPU(单用户贡献)仅为 1 元人民币,但总体就是 500 万元人民币的收入。

4. B 轮

经过 A 轮的大笔资金投入后,这一阶段的企业获得了较大的发展,一些企业已经开始盈利。如果商业模式、盈利模式没有任何问题,那么企业就需要推出新业务、拓展新领域。

此时的投资者大多是上一轮的风险投资机构,也会有新的风险投资(VC)、私募股权投资机构(PE)加入。这个阶段的投资量级会更大,风险相对较低,成功率高很多。相对前几轮投资,B 轮投资的回报率虽低但依然可观。

B 轮融资后,陌陌的 MAU(月活跃用户人数)增长了 1 000 万人,总 MAU(月活跃用户人数)达到 1 500 万人,ARPU(单用户贡献)达到 5 元,企业收入迅速增长到 7 500 万元。而 ARPU(单用户贡献)之所以能迅速增加,是因为这个时候陌陌已经通过广告、游戏进行了转化。

5. C 轮

发展到这一阶段的企业一般已经非常成熟,这轮除了需要拓展新业务外,还需要补全商业闭环、做好上市的准备。

C 轮的投资者主要是 PE,也会有之前的一些 VC。这一阶段的投资量级在 13 亿元人民币以上,投资风险较低,成功率相对较高。

这一阶段的陌陌用户已达 3 000 万人,ARPU(单用户贡献)达到 10 元。再加上游戏广告收入、电商及会员收入,年收入约为 3 亿元,其中企业利润占20%,净利润达到6 000万元。

完成C轮融资后,企业就可以正式上市了,但也有部分企业选择继续进行D轮融资。陌陌选择在C轮融资完成后于纳斯达克上市,每股发行价为13.5美元,利润高达30%~50%。

二、商业计划书

商业计划书是融资的敲门砖,在企业和投资者的接触中,商业计划书作为沟通的主要载体,其主要结构和内容也能反映企业的市值管理模型,而商业计划书的质量很大程度上影响着投资者的决策。因此,撰写一份好的商业计划书是融资的重中之重。

商业计划书主要包含以下几点内容:团队介绍(Who)、要解决的问题(Why)、产品或服务介绍(What&How)、发展规划(When)、财务预算以及融资需求,商业计划书框架如下图所示。

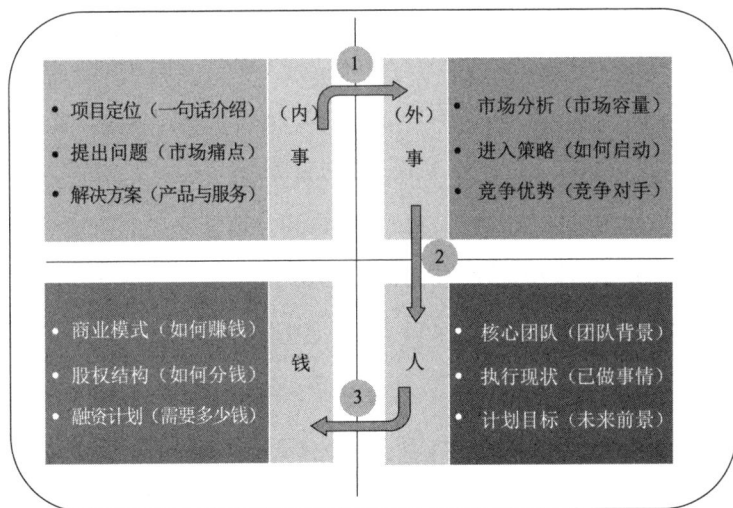

商业计划书框架模型

这个商业计划书的框架将一份完整商业计划书的内容都包含在内，下面以陌陌 IPO 上市的路演 BP 为例，详解如何撰写商业计划书。

第 1 页，一句话点明陌陌的主题：陌陌，将人连在一起。

第 2 页，展示陌陌的目标是找到和发现用户身边的快乐和娱乐。

第 3 页，介绍陌陌是一款基于位置的社交平台。通过展示产品上线 3 年以来的一些数据，如累计注册用户 1.8 亿人、MAU6 000 万人、DAU 2 550 万人、群组 450 万人等，展现陌陌的发展现状及良好发展前景。

第 4 页，与其他社交平台进行对比，凸显陌陌的竞争力与实力。

第 5 页，分别以社交属性、媒体属性、开放和私密性为标准对几款社交产品进行对比：陌陌偏社交属性和开放性，微信及 QQ 偏社交属性和私密性，微博偏媒体属性和开放性，以此来展示自己的独特之处。

第 6 页，以走势图的形式展示陌陌的用户数据。截至 2014 年 9 月，MAU 6 020 万，是 2013 年 3 月的 4.6 倍；9 月平均 DAU 2 550 万，是 2013 年 3 月的 5.4 倍。

第 7 页，主题是用户活跃度，以及陌陌目前的功能。陌陌的日活跃用户平均每天打开陌陌 20 次，单日停留时长 34 分钟。陌陌目前能为用户提供即时消息、群组、游戏、留言板、陌陌吧、附近活动、位置服务等功能，用户通过陌陌可以聊天、交友、玩游戏、约会等。

第 8 页，介绍陌陌平台的特点：创新性和开放性。

第 9 页，介绍陌陌的核心要素之一：群组，并进行数据化展示。截至 2014 年 9 月，陌陌群组数量为 450 万，是 2013 年 3 月的 15 倍。热门群组包括"80 后"、"90 后"、"70 后"、英雄联盟、交友、健康、篮球、女神、宠物等话题。

第 10 页、第 11 页，介绍陌陌的增长空间以及未来发展方向与计划。陌陌在互联网渗透率、MAU 等方面都有增长空间。未来陌陌将不断优化社交生态系统，增加产品丰富性，建立品牌，增大研发投入，扩大用户基数,并不断提升用户活跃度。

第 12 页,对陌陌的技术进行介绍。

第 13 页,介绍广阔的货币化前景,陌陌拥有大量活跃用户、丰富的用户数据,基于内容、用户、流量,有多样化的商业化途径。

第 14 页,对管理层团队以及股东构成进行介绍。除陌陌自身占股外,其余股东的股权占比为:阿里集团 20.7%,经纬中国 19.9%,红杉资本 5.6%,云峰基金 5.6%,Tiger 2%。

第 15 页,介绍陌陌的盈利情况。

第 16 页到第 21 页数据化展示陌陌的市场现状、内部团队、资金流向以及盈利模式。

通过陌陌的商业计划书可知,一份好的商业计划书有以下几个特点:能进行直观的数据化展示;一句话介绍主题;有实际的竞争力展示;凸显自己的用户;有具体明确的发展方向等。

在框架的基础上,把握以上几个特点,并针对企业的实际情况撰写的商业计划书才有吸引力,能极大提高融资成功的概率。

第二节　包含要素

一份优质的商业计划书通常包含四大要素:产品、商业模式、竞品以及团队。不同的商业计划书可以根据这四大要素在不同项目中的重要性来安排具体顺序,越重要的内容顺序越靠前。

一、产品解决了用户的哪些痛点

描述产品是商业计划书中非常重要的一项内容,主要介绍产品定位和用户痛点。

很多创业者在进行创业路演时,慷慨激昂、长篇大论,却连项目的目的是什么都没有表达出来。因此,在撰写商业计划书时,把产品的定位以及用户痛点介绍清楚非常重要,这会影响投资者的选择。

有一个陈述产品的公式:产品针对某个特定人群存在 + 描述潜在用户人群 + 产品属于某个类别 + 核心卖点 + 与竞争对手产品的主要区别。这个公式对产品做出了清晰定位。产品展示的要点主要有以下几点,如下图所示。

如何进行产品定位

1. 目标市场

目标市场是细分市场后选择的市场,即表明产品给谁(Who)用的,这是陈述产品定位的第 1 步。

2. 找出用户痛点

产品所能满足的用户需求就是用户痛点。简单来说,痛点就是用户在正常的生活中遇到的问题,如果问题不能解决,用户就会陷入负面情绪中。

因此,用户需要一个解决方案来化解自己的痛点。产品正是因为具有化解用户痛点的功能才会被用户选择。描述产品所能解决的用户痛点是陈述产品定位的第 2 步。

3. 差异化价值点

对目标市场需求、产品以及竞争对手产品定位综合考量后提炼出的产品独特价值点就是差异化价值点,产品的差异化价值点实际上是产品的特性。

创业者要明确市场目标,找到用户痛点,并对痛点产生的原因进行分析。针对痛点明确产品定位,找到解决方案,并表明自身产品的特性。

二、盈利模式是什么

所有的商业模式都包含两点:卖东西给用户;把用户"卖掉"。卖东西给用户即是做交易,把用户"卖掉"即是做信息。

投资者投资的目的是获得财富增值,因此会格外关注产品的商业模式。商业模式的本质是"利润＝收入－成本"。在互联网时代,要站在长期的视角来考虑这一公式,简单来说,就是项目在当前可以不赚钱,但在未来必须要实现盈利。创业者需要在商业计划书中说明项目的核心业务是什么、近期和远期的盈利模式分别是什么,并介绍获取流量的方式以及详细的获利方法。

目前为止,获利的核心仍然是流量。什么是流量?每个人都是流量,是别人的 PV、日活、周活、月活、留存率。为什么流量是核心?表面上看是因为只有人才会给你付钱。更进一步就能发现,获利的目的不是现金,而是现金背后的价值,而这些价值是人生产的。

真正的盈利模式只有一种,那就是流量获得收益。因此商业计划书中的商业模式部分需要展示企业未来的盈利模式,以及为什么现在的产品形态及发展趋势能够支撑未来的盈利模式。

实际上商业模式并不等同于盈利模式,商业模式包括产品模式、用户模式、推广模式和盈利模式。因此商业计划书中的商业模式要包含以下几个方面:你能提供什么样的产品;给什么样的用户创造什么样的价值;在创造用户价值的过程中,用什么样的方法能获得商业价值。

而且商业计划书的侧重点并不都相同,不同的项目的方向重要性不一样,具体情况要具体对待,但商业模式一定要有。如果你有很好的商业模式,要单独拿出来展示,增加自己的可信度与竞争力;如果没有,就将侧重点放在未来预期上。例如,早期的互联网创业企业,商业计划书中能看到未来潜在的巨大市场即可。

真正好的商业模式一定能为用户提供有价值的产品,不仅能促进用户数量的增长,还能获利。

三、竞品分析

对一个企业来说,行业分析是一件非常重要且必须要做的事情。它能够帮助评估企业发展趋势,分析现有或潜在竞争对手的能力及动向,为企业提供强有力的信息支持,形成面向未来的核心竞争优势,创造自己的价值。

行业吸引力决定了企业现有竞争对手是否继续参与竞争或退出市场,其他竞争对手是否进入市场。企业准确地预测竞争对手绝非易事,但企业可以做方向性的预测。

在市场竞争中,通常有两类竞争对手:一种是具体的、狭义的对手;另一种是广义的、一般性的对手。在确定了自己的市场定位之后,企业要选择并了解自己的主要竞争对手,了解他们的竞争优势及自己和他们的差别等。

选择合适的竞品是进行竞品解读的重中之重。首先,对竞品进行定位,这样才能对竞品的功能、发展有更加明确的认知,从而明确最大的竞争对手;其次,明确竞品的市场规模及变化趋势,如市场占有率、用户活跃度等;最后,了解竞品的主要功能。这样才能实现最精确的对比,同时还能从竞品的发展过程中学到一些经验,甚至还可以将竞品的某个功能的主流程画出来,用于自己产品后期的对比和优化。

在撰写竞品解读时,要从以下几方面进行:

(1)市场竞争方面的描述;

（2）市场占有率；

（3）在市场竞争中的地位；

（4）阻碍新产品或服务进入市场的因素；

（5）商业机会。

在如今这个信息爆炸的时代，几乎不再有独门生意，实实在在地在商业计划书中用合适的语言将自己的产品与竞品对比，快速展现自身的独特性，凸显企业发展优势。

四、团队展示

项目的团队是支撑项目发展的关键因素，所以投资者十分重视团队。因为只要团队好，模式、市场与利润就都可以创造；团队不好，再好的主意也无法实现。

在很多人的商业计划书里，团队介绍都存在以下几个问题：

（1）想要介绍的人太多，1页PPT不够用；

（2）团队成员经历太丰富，介绍得过长；团队经历很少，没什么可写；

（3）过于突出成员的名字，介绍的文字很小；

（4）团队成员照片太过生活化。

为了体现团队优势，很多项目的BP里会放大成员的经历，如毕业院校、曾经的任职经历等。这些不是不可以写，但是要把握好分寸，只写与本次项目有关的经历即可。

创业者做项目需要积累相关经验，所谓术业有专攻，团队里都没有人非常了解自己的产品以及涉及的行业、专业技术等，如何让投资者信服。

360金融的商业计划书里展示了6位团队成员。首先，介绍了项目的核心领导；其次，详细地介绍了两人的工作经历。除了核心创始人外，还展示了相关项目的负责人，同样介绍了曾经的工作经历与个人能力。

在商业计划书中,团队介绍的位置不固定,通常放在重点内容介绍完毕后,或放置在融资计划前面。但如果团队优势非常明显,也可以优先展示以吸引投资者的注意。

第三节　数据支撑

无论是哪一种类型、哪一种形式的商业计划书,企业运营部分的说服力都是用一个个数据支撑起来的,这一部分数据较多、文字较少。

在商业计划书中,运营数据包括细化的经营数据、财务数据以及融后规划,能给投资者提供了解企业实力的途径。

一、模式的市场初步验证

运营数据是对项目目前设定的产品定位、商业模式的市场初步验证。通过运营数据,投资者可以了解三方面的内容:一是了解项目或企业过去的发展情况;二是验证已设定的商业模式和增长策略的实际效果;三是预测未来的发展趋势。这三方面会影响投资者的最终决定,因此运营数据要注意突出关键发展节点、关键数据和增长趋势。

企业可以根据保密性要求适当地披露运营关键数据,包括:

(1)用户相关:日活/月活用户、日活/月活率、增长率、转化率、使用时长等数据;

(2)销售相关:成交量、日订单数、客单价、毛利率、往年及本年销售收入、增长情况、增长预期等。

以360金融的商业计划书为例,向大家展示商业计划书中运营数据的呈现方式,如下图1、2、3所示。

核心数据及预测

2016核心数据

	2016Q1	2016Q2	2016Q3	2016Q4e
总交易额（亿元）	160.14	197.14	224.12	259.35
总收入（元）	4 450	6 050	7 240	7 540

数据预测

	2016	2017	2018
收入（元）	27 532	10亿左右	20亿左右
利润（元）	−55 590	3亿~4亿	8亿~9亿

图 1　360 金融的商业计划书

发展规划：计划到2018年底实现用户量达千万级别，资产管理规模超万亿，2020年完成上市

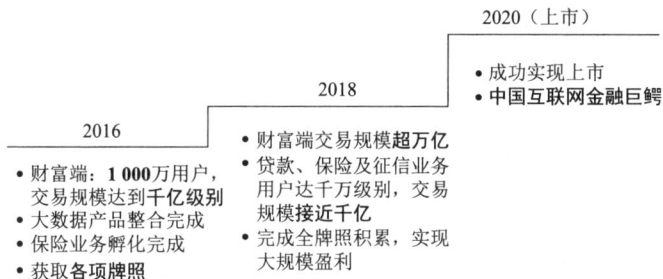

图 2　360 金融的商业计划书

未来五年互联网金融行业将会出现若干个市值千亿元甚至万亿元人民币的公司	蚂蚁金服	LU陆金所	WeBank微众银行	京东金融 JD Finance
成立 时间	2013	2012	2014	2013
上一轮估值水平	750亿美元	185亿美元	100亿美元	72亿美元
	5 700亿元人民币	1 276亿元人民币	666亿元人民币	500亿元人民币

图 3　360 金融的商业计划书

360 金融直接在商业计划书中披露了 2016 年的利润是 −55 590 元，呈亏损状态。还预测 2017 年的利润是 3 亿 ~ 4 亿元，2018 年的利润是 8 亿 ~ 9 亿元。通过这样的数据对比，能让投资者直接看到 360 金融的发展空间，增强自己的竞争力。

360 金融还在商业计划书中展示了自己的发展规划，计划到 2018 年底实现用户量达千万级别，资产管理交易超万亿元，2020 年完成上市。在计划书中，360 金融通过简单的走势图简要介绍了自己的现状以及未来发展方向、未来准备怎么做、做什么来增加自己的市场占有率以及利润。此外，360 金融还通过展示目前存在的竞争对手的估值，来凸显自己的发展空间，展示增长预期。

如果展示的阶段性数据有 V 型转折，要解释清楚，例如开展了用户测试、出现阶段性失误等，打消投资者的疑虑，以免给投资者留下不可信任的印象。

如果企业现阶段没有优势数据，可以把运营数据理解为发展现状和发展里程碑，即从成立到现在取得的重大进展，向投资者展示企业的发展进程与执行情况。

计划书所展示的数据表现形式最好是图表，即便不是图表，也要像 360 金融一样，条理清晰地将数字展示出来，而不是一大堆文字的罗列、堆砌。

图表是表现数据的最佳方式，不但可以反映基础数据情况，还能反映逻辑关系和变化趋势。常见的图表形式有饼形图（扇形图）、条形图、折线图。其中饼形图（扇形图）多用于展示比例关系，一般用于表现份额或者是占比；条形图用于对比，将自己的增长率与竞争对手对比，或对不同时期增长率进行对比；折线图表现变化趋势，凸显企业的增长预期。

二、财务数据说明

任何商业活动和项目的最终结果一定都会反映在财务数据上,投资者在做投资决策的时候,一定会要求了解企业现在的资金流向以及企业未来的财务规划,明确项目的价值、收入、利润等。

因此在撰写商业计划书的时候,财务数据也是必不可少的一项,从数字的角度来思考这个项目的现在及未来发展情况,从中来推演出这个企业和项目的价值所在。

财务数据主要包括现金流、固定成本以及近期收支三方面。

现金流是指在项目期间产生的现金流出、流入的全部资金收付总量。现金流数据是一项比较重要的数据,每个企业在经营过程中都会面临着大量的现金流动,在计划书中应该将这些繁杂的数据整理出来,以表格的形式展现给投资者,见下表。

现金流数据表　　　　　　　　　单位:万元

	2017 年	2018 年	2019 年	2020 年	2021 年
经营中产生的现金流入	1 840	1 920	2 006	2 098.5	2 198
经营中产生的现金流出	987	1 031.6	1 079.6	1 131.3	1 187
经营活动中产生的现金流量净额	853	888.4	926.4	967.2	1 011.1
投资活动中产生的现金流出小计	500	510	321	333.1	146.4
投资活动中产生的现金流入小计	200	200	200	200	200
现金流量净额	31.8	35.4	239	242.6	246.2

固定成本与变动成本相对,其成本总额在特定时期和特定业务量范围内不受业务量增减变动影响,维持不变。

市场变化风云莫测,明确地表明未来 1 年或者未来 6 个月需要多少资金,用这些资金干什么,每个月固定成本是多少,运营成本是多少等问题,比只预测自己未来3年能盈利多少更有说服力。

固定成本分为约束性固定成本和酌量性固定成本两种。约束性固定成本是指为维持企业运营,必须支付的成本,例如设备折旧费、财产税、房屋租金、员工工资等。这类成本数额一经确定,就不能轻易改变,具有相当程度的约束性。

酌量性固定成本是企业在会计年度开始之前,根据经营情况、财力情况制定的计划预算额形成的固定成本,如新产品研发费、广告宣传费、职工培训费等。这类成本的有效期只规定在预算期内,企业可以根据不同情况确定预算。

近期收支就是指近期项目的收入以及支出,以京东物流为例,见下表所示。

京东物流的利润表和资产负债表

单位:人民币千元

利润表	2021年12月	2021年6月	2020年12月	2020年9月
营业收入	104 693 402	48 472 450	73 374 716	49 507 217
营业利润	5 784 076	1 769 541	6 293 639	5 418 647
经营溢利计算	− 15 078 364	− 14 858 448	− 3 794 848	120 641
净利润	− 15 660 732	− 15 213 960	− 4 037 289	− 11 714
资产负债表	2021年12月	2021年6月	2020年12月	2020年9月
总资产	76 795 068	74 571 306	54 723 102	56 594 535
总负债	36 405 935	34 165 502	57 616 734	55 732 346
所有者权益	40 389 133	40 405 804	− 2 893 632	862 189

京东物流的商业计划书中展示了关键财务数据,如具体利润、资产负债等,全方位展示了过去京东物流的市场与发展,向投资者展示了未来的可能。

在制定这部分数据时要注意数据的科学性、真实性,不要对自己夸大或者减少自己的近期收支,一旦造假被投资者发现,投资者就不会考虑你的项目。而且这个数据不能直接从财务部门拿来使用,必须要结合现状以及未来发展预测,对企业的实际收支情况做一个合理的展示。

三、融后资金使用规划

任何企业从提出构想到建立、发展、成熟,都存在一个成长周期,一般分为种子、初创、成长、扩张、成熟、上市等,不同阶段对融资的需求不同。因此,企业要从战略性的角度出发,合理安排企业不同阶段的融资规划。

无论项目是什么轮次,融100万元还是融1 000万元,投资者都需要先对项目前景做出判断。因此在商业计划书中向投资者展示项目的估值,以及融资后的具体规划是十分必要的。对投资者来说,项目早期的盈利不重要,重要的是后期能否实现高增长。

在商业计划书中,企业应分析特定时期的预算,确定自己的花钱节奏,设定花钱阶段,让投资者心里有底。

1. 保证资金至少用一年半

这个时间不是唯一的,企业可以根据自己目前的发展状况以及融资需求具体设定,重要的是向投资者许诺,表明自己对资金的重视与规划。拿到投资是一件好事,但市场千变万化,没有人能保证项目的进展一定能达到预期,更无法保证下一轮融资会比现在更顺利,所以创业者要踏踏实实地做融后规划。如果不计划,原本能用一年半的钱,有可能半年不到就没有了。

2. 由目标和管理半径决定花钱节奏

融资是为达到既定的市场份额提供支撑,企业追求的目标直接影响花钱节奏,完成目标才有利于下一轮顺利融资。企业发展扩张会增加管理问题,如果管理跟不上,那么花钱节奏就要慢一些,不要盲目地加快自己的发展进度。

3. 将财务总监当作重要防线

一个称职的财务总监会告诉管理者什么钱该花,什么钱不该花,哪一阶段能花多少。

在商业计划书里展示这些花钱阶段,无疑是给投资者打一针强心剂,让投资者放心。

另外,除了融资后的阶段开支外,团队出让的股权比例也是一个值得关注的点。企业的需求是企业估值越高越好、股份出让比例越低越好,对投资者来说正好相反。前期融资如果出让的股权比例大,投资者的利益空间就会较大,但不利于团队的长远发展;如果出让的比例过小,又会压缩投资者的利益空间。合适的股权稀释比例是30%,股权稀释太多企业就容易失去主导地位,股权稀释太少可能对投资者的吸引力不够。

因此,团队的股权结构划分是否合理,在商业计划书中也很重要。关于团队的股权结构,应该注意以下两点:一是 CEO 务必是大股东,保证合理的占股比例,出让的股权比例要在其控制内;二是有相应的股权和期权激励措施,预留一定空间的股权和期权池来吸引优秀人才加入团队。

融资金额需要具体到数值、货币形式;融资用途需要细化到具体项目。这部分内容需要创业者根据计划制定具体方案,展现创业者的决策和规划能力。

第五章

市场信息披露与战略内容目标

　　从价值管理的角度出发,企业的市值管理是一种战略管理行为。价值管理是二级市场上很多市值管理策略设计的出发点,而市值管理不仅适用于上市企业,也适用于非上市企业。因此,市值管理就是管理企业的战略。

　　上市企业在制定企业战略时,首先要确定自己要向外界传递什么样的战略,战略是否符合企业的发展;其次要学会正确描述企业战略;最后企业要明确自己的战略定位和战略目标。

第一节　需要向市场传达的信息

企业战略在一定程度上反映企业的能力、对自我的认知、对未来的规划等，对外便于资本市场、投资者了解企业、选择企业，对内可帮助企业明确长远发展方向与发展目标，加强员工对企业的认同感。

一、评估企业的战略

对企业而言，在向社会传递自己的战略之前，要先对企业的战略进行评估，明确向社会传递什么样的战略以及信息。

企业可以从四个维度来评估企业的战略、检查传递的战略是否与企业相符。这四个维度如下图所示。

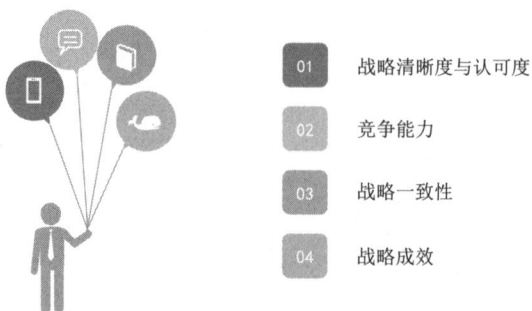

01	战略清晰度与认可度
02	竞争能力
03	战略一致性
04	战略成效

评估企业战略的四个维度

1. 战略清晰度与认可度

战略清晰度与认可度是对战略描述的考查,清晰度是指战略定位、发展路径规划与战略布局是否兼顾短期竞争与长期竞争、战略描述能否清晰传递企业的价值。认可度是指企业传递的战略被资本市场认可的概率。在从这一维度进行评估时,要注重战略对企业长远发展的影响和指导作用。

2. 竞争能力

竞争能力是对企业规划的竞争能力发育程度、环境以及合理性的考查。一般情况下,为避免能力过度分散,企业可将能力聚焦于最具有竞争力的某个或几个核心项目上。在评估这一方面的能力时,管理者要考虑企业是否制定了有效举措,持续强化企业的核心竞争力;是否具有发展路径和商业模式核心能力输出的发展环境。无论是短期战略还是长期战略,都能推动核心竞争力直接转化为业绩。

3. 战略一致性

战略一致性是指企业在战略的实际执行过程中,资源配置方向与战略的描述是否一致,还可以通过资源的配置情况来考查企业执行战略的力度和决心。

4. 战略成效

战略成效体现企业战略管理能力,通过财务数据展现战略执行的最终成果。

通过这四个维度对企业战略评估,帮助企业明确要向社会、投资者传递什么样的战略,并为企业描述这些战略、向社会展示自己打下基础。

传递的战略与企业相符合度是对企业战略进行评估的重要方面,它可以充分发挥企业的竞争力。除此之外,企业对战略的评估还应包括以下两个方面。

（1）是否有利于打开市场。提高市场占有率是确定企业战略规划时需要考虑的目标之一，市场是企业发展壮大的基础，一个准确的战略规划一定会有利于企业打开市场。

（2）是否预见了未来发展的趋势。企业若想更好地发展，把握市场的变化、提升自身的竞争力是必不可少的。在企业战略的制定中，需要引导企业的发展趋势，一方面使得企业的发展能够顺应市场环境的变化；另一方面，快速推进企业技术的发展，使其可以走在行业的前列。

总之，对企业而言，要传递符合企业发展、能够体现出企业竞争优势的战略，同时该战略还要立足于市场需求，预见未来发展趋势，引导企业的技术创新和竞争力的提高。

二、向社会传递的战略信息

在向社会传递自己的战略时，企业应该讲述未来发展前景，如何利用战略描述获得资本市场、投资者和内部员工的支持与认可。首先企业需要了解好战略描述的四个特征。

1. 有明确的战略

具体内容可以参考评估企业战略的四个维度。

2. 表达精准、通俗易懂

有的企业认为战略描述是年度经营计划，如"在 2018 年度实现的营业收入基础之上，2019 年继续拓展新业务、新市场，保持企业业务快速增长"。但这些内容并不属于战略范畴，也不能作为战略描述。

有的企业将口号当作战略，如大力发展柔性生产、实施精细化管理等；有的企业将战略目标理解为战略描述；还有的企业认为一般人都看不懂的专业名词就是好的企业战略描述。

实际上并非如此,相对标准的战略描述要能说清楚以下三个问题:企业处于什么行业,提供的产品和服务有哪些,为哪些目标客户创造什么价值。

3. 保持资源配置与战略描述的一致

很多企业的战略描述与实际执行并不一致,主要体现在两个方面:

一是战略描述与现金流流向的不一致。例如企业的定位是生产加工型企业,但是企业将大部分内部资金和募集资金用于理财,没有用到实际经营中,那么这家企业的战略描述与现金流流向不一致,因此投资机构会放弃对该企业的关注。

二是战略描述与并购动作的不一致。例如一家家具生产企业在战略中表示要全力向互联网行业转型,但战略发布后一年内并没有并购互联网业务相关的企业,很明显这家企业的战略描述与并购动作没有保持一致性。

4. 随着企业发展调整

企业的战略不是一成不变的,当外部环境发生变化时,战略可能就不适用了;实现了周期内的战略目标,战略就需要升级。这体现出企业的战略描述要随着战略调整进行调整。

一家企业有家具生产、信息技术服务、互联网三块业务,收入占比为6∶3∶1。企业的未来规划是彻底转向互联网行业,那么在战略描述中,该企业就一定要将自己定位为互联网企业。虽然实际的业务结构与战略不一致,但可以通过战略向社会及时传递信息,并不断提高互联网业务的占比来表明企业实现战略的决心。

无论是评估战略,还是描述战略,都是为了能顺畅地向社会展示企业的战略,最终获得社会、投资者对企业未来的认可。

第二节　营造良好的外部环境

上市企业的管理层以当前市值信号的表现情况为基础,运用多种价值经营方式和手段,为企业的发展营造良好的外部环境,谋取更大的发展价值。这些经营方式和手段都是企业战略的体现。

一、在竞争中取得独特优势

企业战略包括行业竞争、产品营销、企业发展、品牌建设、融资投资、技术开发、人才引进等。企业根据行业环境变化,依据自身资源和实力水平选择适合经营的领域和产品,在竞争中取得独特优势。

但不管是哪一领域的战略,首先要做的就是进行战略定位。全球定位之父特劳特在其著作《定位》中指出:"在竞争对手如云的情况下,企业必须找到一种方式令自己与众不同,这是成功的定位策略的基础。"

无论出于长期规划还是中短期运营的目的,管理者都要把这些要素融入企业的战略定位中,帮助企业实现准确的战略定位。企业战略定位的要素如下图所示。

企业愿景　　企业使命　　核心价值观　　SWOT分析　　年度目标

企业战略定位的要素

1. 企业愿景

企业战略定位的首要因素是企业愿景,愿景体现了企业管理者希望企业在可预见的未来达到的高度,因此,愿景必须明确企业的发展方向,必须能鼓舞人心。

2. 企业使命

企业使命能让企业管理者明白现阶段做什么、为谁做、如何做。企业使命要具体到每一天,最终才可以达到期望的愿景。

3. 核心价值观

企业的核心价值观是企业必须拥有的终极信念,是企业战略不可或缺的关键要素之一。只有坚持信念才能实现企业的愿景和使命。

4. SWOT 分析

SWOT 是指优势 Strengths,劣势 Weaknesses,机会 Opportunities,威胁 Threats。企业通过这一分析方法确定战略发展方向、资源配置,明确企业的优劣势、发展机遇以及规避风险的策略。

5. 年度目标

企业的每一个长期目标都是由多个短期目标共同构成的。企业要有具体、详细的年度目标,针对每个年度目标要制订详细、合理的计划。

定位是战略的核心,定位决定了企业的战略取舍、发展节奏。

在市值管理中,企业如何进行战略定位?

(1)在企业的真实价值增长和可持续发展的长期战略的基础上,制定企业的资本市场和业务发展战略。

当股票价格被高估时,可利用当前市场上的热情来增发股票,支持企业的业务发展;如果当前股票价格被低估,就可以借这个机会来回购股票,等待新一轮增长。

(2)根据投资市场的交易偏好制定企业的发展战略。通过这种方式引起股票市场的短期积极反应。

（3）在企业可持续发展和真实资本价值最大化的原则下,进行企业资产的配置,制定企业的业务发展战略和投资、融资战略。在这种原则之下,上市企业的市值管理既不需要迎合股票市场短期投资行为,企业的管理层又无须在意股票市场对企业的一系列负面影响。

二、市场方面的目标

企业的战略目标是衡量企业制订的计划是否实现了企业使命的标准,是企业经营战略的重点。

由于战略目标确定了企业的使命和职能,所以企业各个部门也要制定具体的目标,除此之外,目标还取决于企业的不同战略。因此,企业的战略目标是多元化的,既包括经济目标,又包括非经济目标。彼得·德鲁克在《管理实践》一书中提出了八个方面的目标:

（1）市场方面的目标:表明本企业希望达到的市场占有率、在竞争中达到的地位;

（2）技术改进和发展方面的目标:对技术改进和发展新产品、提供新服务的认知及措施;

（3）提高生产力方面的目标:有效衡量原材料的利用程度,最大限度提高产品的数量和质量;

（4）物资和金融资源方面的目标:获得物质和金融资源的渠道并有效利用,用资本构成、新增普通股、现金流量、流动资本、回收期等来表示;

（5）利润方面的目标:用一个或几个经济目标展示希望达到的利润率;

（6）人力资源方面的目标:人力资源的获得、培训和发展,管理人员的培养及个人才能的发挥;

（7）发挥员工积极性方面的目标：对员工实施激励、报酬等措施，以促进其积极性的发挥；

（8）社会责任方面的目标：注意企业对社会产生的影响。

战略目标结构形式也是多元化的，有以下几个重点：以市场占有率为重点、以盈利为重点、以创新为重点、以低成本为重点、以企业形象为重点。

战略目标与企业的其他目标相比，具有以下几个特点，如右图所示。

（1）宏观性。战略目标是对企业全局的一种设想，着眼点是企业整体，从宏观角度对企业的未来进行较为理想的设定。因此，企业所提出的战略目标是高度概括的。

（2）长期性。战略目标是长期任务，立足点是未来，要求企业全体员工通过长期努力对企业进行根本性改造。

宏观性

长期性

相对稳定性

全面性

战略目标的特点

（3）相对稳定性。战略目标是总方向、总任务，要相对稳定。这样员工才有明确的努力方向。但当出现客观需要和突发情况时，企业也可以对战略目标进行必要的修正。

（4）全面性。战略目标是一种整体性要求。科学的战略目标综合反映了企业的现实利益与长远利益、局部利益与整体利益。

在我国的上市企业中，很多企业开始明确提出自己的愿景。如招商银行的愿景为"力创股市蓝筹，打造百年招银"。"股市蓝筹"包括规范经营、业绩优秀、受客户信赖等内涵，要想保持蓝筹地位，就要有持续奋斗的决心和行动。

净收入是招商银行的短期目标，而市值的稳定增长才是招商银行的长期目标。"打造百年招银"体现了招商银行的决心，也是对客户、员工

和股东的承诺。这一愿景的含义,一是把招商银行打造成一家与国际接轨的现代商业银行,使中国银行业在国际金融舞台上展现自己的实力;二是要构建有招商银行特色的企业文化,营造积极进取的企业文化和良好氛围。

围绕自己的愿景,招商银行不断开拓创新,在革新金融产品与服务方面有了辉煌的成绩,适应了不断变化的市场,为中国银行业的改革发展进行了有益的探索,也取得了优秀的经营业绩。近年来,招商银行呈现出良好的发展态势,在权威媒体、机构组织的调查评选中,招商银行获得了中国最佳银行、中国最佳零售银行、中国最受尊敬企业、中国十佳上市企业等多项荣誉称号。

企业的战略目标是企业发展的导向,对企业的发展起着决定性作用。战略目标的宏观性、全面性都是为了确保其准确性,而战略目标的达成是一个长期发展的过程,战略目标的长期性和相对稳定性对达成目标也发挥了充分的引导作用,为目标达成提供了良好的环境。

第六章

管市值就是管资本结构

企业的资本结构决定了企业的偿还能力和再融资能力以及未来的盈利能力，是财务状况的重要指标之一，同时企业的资本结构对企业的市值也有十分深刻的影响。

本章将从投资者、股权与股份控制两个角度来解析为什么管市值就是管资本结构。

第一节 投 资 者

广义上的投资者包括股东、债权人和利益相关者。狭义的投资者指股东。投资者是指投入现金、现金等价物、固定资产等用于购买另一种资产,以期望获取利益或利润的具有完全民事行为能力的自然人或法人。投资者有一定资金来源,且享有投资收益的权、责、利。

企业的投资者是指给企业提供资金,且为企业承担最终风险的人。企业投资者除了要承担一切可能发生的风险外,投入的资本还是企业偿还长、短期债务和优先股股本的保障。所以投资者是企业资本结构的重要组成部分。

投资者有很多种类,本节将以战略投资者、财务投资者、资本合伙人为主进行介绍。

一、战略投资者

战略投资者和企业的业务联系较为紧密,是根据国家法律法规的要求,与发行人形成合作关系,并愿意按照发行人提出的具体要求与发行人签订投资配售协议的法人。战略投资者通常和拟投资企业处于同一行业或相近产业,或处于同一产业链的不同环节。除了获取财务回报外,战略投资者更看重企业的战略目的。企业如果希望在获取资金支持的同时，还能获得投资者在企业管理或技术方面的支持，通常会选择战略投资者。这有利于提高企业的行业地位，提高企业的盈利能力。

那么，企业该如何选择合适的战略投资者，可从以下几个方面入手：

首先，战略投资者要有较为雄厚的资金条件，有较好的企业经营能力和较强的融资能力，可以为企业带来有力的资金支持和丰富的经验指导；

其次，战略投资者不仅要能带来大量资金，还要能带来先进的技术和管理方法，促进产品结构、产业结构的调整升级，通过战略投资者的直接投资，企业能够从单纯的投资走向资本与实业结合，从而获得支撑融资企业未来发展的新产业支柱；

最后，对于战略投资者的选择，有资金、有技术、有经验、有渠道的，能够提高企业竞争力和创新能力的都是优秀的战略投资者。

企业在引进战略投资者时，必须选择合适的股权结构。部分资本雄厚的投资者有时会利用其资金、管理经验等优势，以大比例、大额度入股，以期能取得控股地位。但这样的方式并不利于企业的长远发展，融资企业不宜为了满足战略投资者入大股的要求，脱离实际盲目扩大股本总额。一般情况下，企业在引进战略投资者时不能丧失对企业的控股权。

战略投资者基于不同的考虑，有不同的投资方式。

1. 向目标企业注入现金、技术或资产

通过对目标企业资产的估值，融资双方通过协议明确战略投资者的现金投入数额以及股权比例。

2. 向目标企业股东支付现金

这是较为常见的股权转让方式，目标企业除了股东以及相关企业结构的调整外，资产和现金保持不变。

3. 向目标企业股东提供股权或股票

这也是一种股权转让方式，目标企业的自身资产、现金等未发生变化，股东通过转让目标企业的控制权获得战略投资者或其关联企业的股权或股票。

总之，选择有资金、有技术、有市场的战略投资者对于企业的进一步发展壮大来说具有强力的推动作用，企业要根据自己的发展阶段和现状来寻找最合适的战略投资者，通过其各方面的支持，努力实现利益的最大化。

二、财务投资者

财务投资者是指投资者的目的主要是财务投资，进行独立运营的私募股权基金投资就属于财务投资。这类投资者以获利为目的，通过投资获得经济回报，并在恰当的时机套现。

1. 财务投资者的优势

专业性。对专业的财务投资者来说，必须掌握"融、投、管、退"，而财务投资者对于市场的分析判断和良好的管理能力往往能推动企业的项目快速发展。

2. 大基金的品牌背书

例如，红杉资本、IDG、君联资本等投资机构，在市场上拥有良好的口碑，这些投资者带来的品牌价值比获得更高一些的估值更为重要。

但财务投资者也有一定的劣势，因为要求短期回报，财务投资者会给投资的企业施加压力，希望可以尽快上市，获利并退出，但这可能并不利于企业的长远发展。

3. 财务投资者的特点

财务投资者有什么特点？具体表现在三个方面，如下页图所示。

财务投资者的特点

（1）投资选择,财务投资者倾向于资本回报。财务投资者更多是从资本回报的角度选择投资的。财务投资者多是采用私募股权基金的形式募集市场资金,私募股权基金的逐利性决定了资本将退出夕阳行业和盈利能力弱的企业,流向未来发展前景更好、收益水平更高的行业和企业。财务投资者在金融投资方面拥有更多的资源和实力,对企业未来的上市融资具有很大的帮助。因为财务投资者本身缺乏产业经营资源,所以对企业经营管理方面的要求比较高。投资后,财务投资者很难控制自己的投资,因此企业管理好、成长性高、有值得信赖的管理团队十分关键。

（2）投后管理,财务投资者无能为力。财务投资者大部分都只是出资参股,除了偶尔参加董事会层面的重大战略决策外,大多财务投资者并不参与企业日常的经营和管理。但为保障对企业财务状况的掌握,很多投资者会要求被投企业按期提供财务报表。

（3）股权退出,财务投资者迫切需要通过退出获得回报。财务投资者大多以普通股或优先股的形式入股,这样可以保证投资者的顺利退出。财务投资者的相关条款还包括卖出选择权和转股事宜等。

综上所述,财务投资者往往关心财务状况,注重企业的运营能力,较为看重短期利益。

三、资本合伙人

随着经济市场的不断完善,企业愈发重视资本市场的发展,逐渐衍生出资本合伙人这一职业。顾名思义,资本合伙人向企业提供资本支持,同时作为合伙人享受企业发展的红利。一个优秀的资本合伙人能够让企业的股权价值得以提升。

资本合伙人就像隐藏在企业背后的操盘手,他们也许不经常出席各种商业活动,但会凭借自身专业的商业知识与投资经验,为企业带来更大的发展空间。合伙不是"空手套白狼",几乎所有合伙人都会带着一定的资源来和创业者谈论相关事宜,这也是合伙人应该有的基本诚意。企业如何利用合伙人手中的资源、给予对方何种好处,都是企业需要认真思考的问题。

不难看出,资本合伙人工作难度与资源价值都处于较高水平,是企业发展的命脉之一,其往往会影响一家企业在资本市场竞争中的成败。因此企业在选择资本合伙人时,一定要审慎,一位靠谱的合伙人为企业带来的能量是巨大的。

合伙人是与企业创始人志同道合的人,他们作为企业重要的组成部分,需要随着时代发展不断调整、改进、变化,但唯一不变的是他们的精神。资本合伙人作为企业忠实的合作伙伴,会利用自己拥有的资源与知识为企业的市值管理做出卓越的贡献,是激发企业活力的重要人选,也是企业制度管理、组织建设的灯塔。

因为注册制的全面推行,资本运营效率对企业的长期发展变得史无前例地重要,这种效率的提升必须由具备合适能力的人才来完成。培养出围绕企业可持续发展的、有资本经营能力的人才,是未来大型集团以及高速成长的创业企业的必由之路。

在过去供不应求的市场环境中,创业最关键的两个角色是销售总监和生产总监,因为把东西生产出来后,只要能卖出去,这家企业就能持续成长。但在供过于求、以创新经济为导向的现行市场环境中,最重要的两个角色是资本合伙人与首席人才官。因为资本合伙人能让企业获得源源不断的资金,使得企业拥有源源不断的增量资本;首席人才官能让企业持续将资本资源转化为生产资料,转化为企业的组织生产动力。

当前,创业环境已经发生了根本性的变化,所有企业都必须找到自己的资本合伙人。资本合伙人最核心的能力是:帮助企业完成资本市场上的资源整合与资产定价。资本合伙人在实现有效现金流循环的前提下推动企业的资本化进程,对基于资本经营体系的企业成长负责。

对于资本合伙人的职业发展,我们必须建立以下三个基本认识。

第一,超充沛型的流动性时代已经过去,企业未来的命运取决于其能否掌握资本流动性的输血器。在这样的环境下,有一些中小企业将会受到影响。资本竞争的典型结果是行业头部企业拿到过剩的资本溢价,腰部和尾部的企业基本拿不到资源。头部企业整合腰部和尾部的企业是未来企业的发展趋势。

第二,企业领导者构建自己的资本能力已经迫在眉睫。企业一定要找到资本合伙人,对资本合伙人来说,未来 5 年将是他们职业成长的黄金赛道,因为在整个资产证券化的浪潮下,各行各业仍然需要大量优质的、能够真正与企业共同成长的资本合伙人,这不仅是指投资机构的投资经理或者投行的项目经理,更是指真正能够陪伴企业长期成长、投入自己的资本能力和资本资源、升级自己的资本认知、带领企业成为资本市场上的领先企业的资本合伙人。

第三,资本人才应找到那些有前途的企业,全身心投入,以职业生涯换取股权激励。对资本人才来说,关键是找到那些市值能够涨几倍甚至几十倍的成长性企业,注入所学知识、专业能力、职业操守、辛勤劳动,陪伴企业度过增长期,与企业一起成长。

第二节　股份与股权控制

　　企业的发展壮大,离不开创始股东以及核心团队的努力,同时也需要借助外力,例如通过融资助力企业的发展。但企业进行融资时,创始股东的股权会受到一定程度的稀释,如果不加以控制,稀释到一定程度的时候,创始股东的控制权就会受到威胁。这涉及两个不同的概念,即股份与股权控制。

　　股份代表着对企业的部分拥有权,控股权是股东对企业拥有 50% 以上股份或未到 50% 以上但占股比例最多,并因此能够获得对企业的经营活动的控制权。

　　本节将从大股东、实际控制人、管理层股东以及资本结构四个角度解释企业到底由谁控制。

一、大股东

　　首先要明确股权生命九条线,如下图所示。

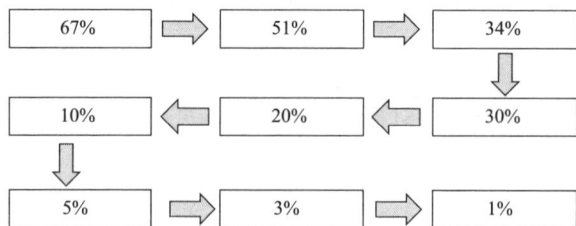

股权生命九条线

　　(1)绝对控制权 67%。67% 的持股比例相当于绝对控制权,这类股东主导企业章程的修改、企业的合并与分立、增减资等重大决策,是企业的绝对掌控者。

(2)相对控制权51%。这是控制线,控股人可作为董事、董事长直接控制企业,或通过聘请独立非执行董事、审议机构对一些简单事项进行决策。如果企业进行了融资,经过2~3次股权稀释后,相对控制权能保证控股人依然控制企业。

(3)安全控制权34%,即一票否决权。《中华人民共和国公司法》(以下简称《公司法》)中有2/3表决权的规定,由此可反推出,股东持股量在1/3以上时,就具有否决性控股权,也就是一票否决权。

(4)上市企业要约收购线30%。如果收购上市企业的股份达30%,继续增持则须要约收购,发出全面要约或者部分要约,不能采用程序简单、成本更低的协议收购。

(5)重大同业竞争警示线20%。其中一家企业通过股权或债权关系,持有另一家企业20%的股份,占股20%的企业将会对被占股企业的决策产生重大影响,影响市场稳定与公平,但这种说法目前并没有法律支持,不具有明确的指导意义。

(6)临时会议权10%。占有10%股权的股东,有权提请召开临时股东大会,可对企业进行质询、调查、起诉、清算、结算。

(7)重大股权变动警示线5%。《中华人民共和国证券法》(以下简称《证券法》)规定,持有企业股份超过5%的股东,在收购或减持上市企业超过5%的股权时,需向公众披露,并需要在报告期限内或作出报告,在公告后的3日内,不得再买卖该上市企业的股票。

(8)临时提案权3%。此规定仅限于股份有限公司,股权达到3%的股东有权在股东大会召开的前10日就关心的问题提出临时提案并以书面形式提交召集人。

(9)代位诉讼权1%。如果企业高管损害企业利益,股权达到1%的股东可以向企业董事会或监事会提请调查,还可以自己的名义,用法律武器直接代表企业提起诉讼。

这9条线中,前3条可以称为"黄金分割线",关系到企业的生死存亡。不同线对应的股东身份不同,我们首先来了解大股东。

大股东也称为控股股东,其股份占额比其他股东更大。现在市场上所说的大股东大多是相对控股股东,即不再单纯强调占股比例,而是着重看其对企业的控制权。简单来说就是大股东拥有企业的控制权。

控股股东是指股票占比达到足以影响企业的日常经营运作和重大决策的股东。控股股东的控股比例超过50%称为绝对控股股东,控股比例低于50%但大于30%的股东称为相对控股股东。控股股东和大股东相一致,但大股东却并不一定包含在控股股东内。

根据《证券法》第七十四条规定:"收购期限届满,被收购公司股权分布不符合证券交易所规定的上市交易要求的,该上市公司的股票应当由证券交易所依法终止上市交易;其余仍持有被收购公司股票的股东,有权向收购人以收购要约的同等条件出售其股票,收购人应当收购。"以上海证券交易所为例,根据《上海证券交易所科创板股票上市规则》第二章第一节规定:"(三)公开发行的股份达到公司股份总数的25%以上;公司股本总额超过人民币4亿元的,公开发行股份的比例为10%以上。"

《公司法》赋予了大股东控制权,实行一股一票的投票权和少数服从多数的通过原则,无论是绝对控股,还是相对控股,企业的第一大股东在股东大会上对企业拥有重大决策权。

但大股东拥有控制权也可能造成行为偏斜,"以所有股东利益最大化为企业行为目标"的假设不是一直存在。例如,在合资企业中,股东要求对企业的经营和决策进行控制,但如果该股东还在经营独资企业,那么就有可能将企业中盈利较好的项目转移给独资企业。

如果企业运营的控制人是企业管理者,管理者的行为可能与股东目标不相符,但如果是小股东控制,同样也可能对企业造成不良影响,由于小股东权利和应承担的义务不匹配,更倾向于冒险和短期获利的行为。因此就呈现出控制权的困境,控制权无论交给谁都会产生行为偏斜。

控制权偏斜会带来哪些负面影响? 最明显的就是大股东可以利用控股地位,侵占企业资产,损害企业和其他股东的利益,这违背了市场竞争的公允原则。

二、实际控制人

实际控制人和投资关系、协议设定等关系密切,主要负责对企业行为的管控。

《公司法》第二百一十六条第(二)项规定:"控股股东,是指出资额占有限责任公司资本总额百分之五十以上或者其持有的股份占股份有限公司股本总额百分之五十以上的股东;出资额或者持有股份的比例虽然不足百分之五十,但依其出资额或者持有的股份所享有的表决权已足以对股东会、股东大会的决议产生重大影响的股东。"

基于《公司法》条文,可以看出控股股东和企业实际控制人存在明显区别:控股股东对企业直接持有股份,而实际控制人不一定是企业的控股股东。

根据《〈首次公开发行股票并上市管理办法〉第十二条"实际控制人没有发生变更"的理解和适用——证券期货法律适用意见第1号》,证监会扩大了控制权的内涵:"公司控制权是能够对股东大会的决议产生重大影响或者能够实际支配公司行为的权力,其渊源是对公司的直接或者间接的股权投资关系。"也就是说,直接或间接持有股权,均可被界定为实际控制人。证监会有将控股股东和实际控制人界定为同一人的先例。

对实际控制人的规定,如下页表所示。

对实际控制人的规定

法律渊源	具体标准
《深圳证券交易所股票上市规则》	1. 为上市公司持股50%以上的控股股东； 2. 可以实际支配上市公司股份表决权超过30%； 3. 通过实际支配上市公司股份表决权能够决定公司董事会半数以上成员选任。
《上海证券交易所股票上市规则》	1. 股东名册中显示持有公司股份数量最多，但是有相反证据的除外； 2. 能够直接或者间接行使一个公司的表决权多于该公司股东名册中持股数量最多的股东能够行使的表决权； 3. 通过行使表决权能够决定一个公司董事会半数以上成员当选。
《上市公司收购管理办法》	1. 投资者为上市公司持股50%以上的控股股东； 2. 投资者可以实际支配上市公司股份表决权超过30%； 3. 投资者通过实际支配上市公司股份表决权能够决定公司董事会半数以上成员选任； 4. 投资者依其可实际支配的上市公司股份表决权足以对公司股东大会的决议产生重大影响。

综上所述，实际控制人虽然没有直接持有企业股份，或持有股份比例达不到控股股东比例，但通过投资关系或其他协议规定，实际控制人也能实际支配企业行为。

除此之外，判定实际控制人还应结合以下因素进行分析：对股东大会产生的影响；对董事会产生的影响；对董事和高管人员的提名任免权利；企业股东持股的变动情况；企业董事和高管人员的变动情况；发行审核部门认定情况等。

在IPO中，实际控制人分为三种形式，如下图所示。

实际控制人是解决企业治理混乱的关键点。根据企业治理规范，股权结构是企业产权治理的基础，能有效解决企业的决策机制的设定问题，促进约束制度的形成，对规范企业的行为起着积极作用。

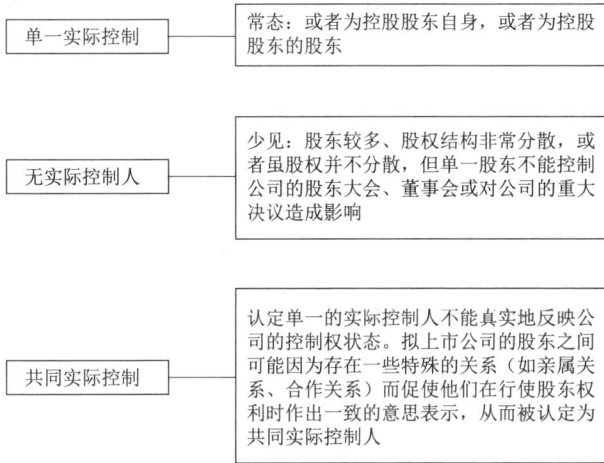

实际控制人的三种形式

三、管理层股东

要明确一个概念：所谓管理层，是指包括董事会在内的管理团队。而管理层股东是指参与企业日常管理的股东，通常是企业战略的实际制定人与执行人。

对有些企业来说，存在管理层权力大还是股东权力大冲突。企业控制权与所有权分离，可能会导致管理层懈怠。管理层追求的利益与股东利益可能不一致，这就可能导致管理层为了自己的利益而损害企业利益、股东利益。

这些矛盾与冲突成为很多企业经营不善的导火索。那么应该怎么解决？可以通过设定管理层股东的方式解决，即股东根据企业章程参与实际的经营活动。我国法律规定，企业股东享有资产收益、参与重大决策和选择管理者的权利。

其中资产收益权是指分配请求权，如优先认股权、剩余财产分配权等；参与重大决策权包括增加或者减少企业资本、发行企业债券、修改企业章程等;选择管理者权包括选举董事长、监事等。

股东参与企业管理的具体方法有以下几点:

(1)股东出席股东大会或由委托代理人出席股东大会,行使表决权。

(2)选举权和被选举权。股东有权根据企业章程,选举具有任职资格、自己信任的董事或监事。当股东本人符合《公司法》规定的企业董事和监事的任职要求时,有权被选举为企业的董事或监事。

(3)依法转让出资或股份的权利。在有限责任公司的股东出资转让股份时,企业股东享有优先受让权,而股份有限公司没有这一限制。

(4)股东知情权。这是股东参与企业重大事项决策、行使权利的前提条件。例如股东可以查阅企业的章程、股东会会议记录以及财务会计报告等,同时对企业的经营具有建议权和质询权。

(5)盈余分配权和企业剩余财产分配权。即按照股东出资比例或股东所持股份比例进行盈余分配。有限责任企业的股东盈余分配比例进行自行约定,但股份有限企业只能按股份比例进行盈余分配。

(6)具有优先认购权。当企业新增资本或发行新股时,股东有权按出资比例或持股比例优先缴纳企业的新增资本或认购发行的新股。

在实际的应用中,无论是上市企业,还是非上市企业,都存在管理层与股东之间的矛盾和利益冲突,通过股东参与企业的经营管理,能有效化解这一矛盾。

四、企业资本的价值构成及比例关系

资本结构是指企业资本的价值构成及比例关系。最优资本结构是使股东财富最大或股价最大,企业资金成本最小。资本结构反映企业的融资结构以及债务、股权的比例关系。企业的资本结构同样决定着企业未来的盈利能力。对企业来说,只有良好资本结构的建立,才能协调各方的关系,提升企业资金收益率。

在资本结构中,股权架构健康与否,不仅能反映企业的过去和现在,还影响着企业的未来。

假设有一家企业于 2016 年初成立,有四个创始人,分别为李某、何某、张某、赵某,这四人以每股一元的价格分别向企业出资 80 万元、60 万元、30 万元、30 万元,四人的股权占比分别为 40%、30%、15%、15%。这个时候该企业的初始资本结构见下表。

该企业的初始资本结构

股份	股价	估值(万元)	股比
800 000	1	800 000	40%
600 000	1	600 000	30%
300 000	1	300 000	15%
300 000	1	300 000	15%

为避免股权平均分配的问题,该企业的合伙人在企业成立之初约定了股权锁定条款、竞业禁止条款以及股权成熟条件,以保证合伙人的利益。

该企业在 2021 年下半年完成天使轮融资,投资者出资 450 万元,占股 15%,此时企业的资本结构是怎样的情况呢?

李某持股 34% =(1 - 天使轮投资者占股比 15%)×40%

何某持股 25.5% =(1 - 天使轮投资者占股比 15%)×30%

张某持股 12.75% =(1 - 天使轮投资者占股比 15%)×15%

赵某持股 12.75% =(1 - 天使轮投资者占股比 15%)×15%

此时的总股数为 800 000/34% = 2,352,941 股

天使轮的投资者的持股 = 总股数 - 创始团队持股股数 = 2 352 941 - 2 000 000 = 352 941(股)

股价 = 投资金额 450 万元/所持股份数量 = 12.75 元/股

2022 年 5 月,该企业决定进行 A 轮融资,获得投资者 1 000 万元的投资,占股为 10%,此时该企业的资本结构为:

李某持股 30.6% =(1 - A 轮投资者占股比 10%)×34%

何某持股 22.95% =(1 - A 轮投资者占股比 10%)×25.5%

张某持股 11.47% =(1 - A 轮投资者占股比 10%)×12.75%

赵某持股 11.47% =(1 - A 轮投资者占股比 10%)×12.75%

天使投资人持股 13.5%。 =(1 - A 轮投资者占股比 10%)×15%

总股数为 800 000/30.6% =2 614 379 股

A 轮投资者持股 2 614 379 - 2 000 000 - 352 941 =261 438 股

股价为投资金额 1 000 万元/所持股份数量 =38.25 元/股

在进行资本结构的搭建的实际操作中,经常有企业不进行资本结构的计算,没有合理预见融资可能带来的影响以及股权分配的变化,最终失去企业的控制权。因此,企业管理者一定要先搭配好每一次融资所需要的投资者种类,并做好股权分配计划,最终能在不失去自己的控制权的情况下,帮助企业扩大规模,健康向上发展。

第七章
企业治理是企业价值创造的制度保障

企业治理的目标是处理诸多利益相关方之间的关系，包括股东、董事会、经理层之间的关系，几方之间的利益关系对企业的发展方向和效益有着重要的影响。

企业治理是驱动企业生成价值的因素之一，也是企业价值创造的制度保障。而企业价值创造是市值管理的核心内容，由此可以看出企业治理是影响市值管理的重要因素之一，评价市值管理的效果不能脱离现实的企业治理环境。

第一节　企业组织架构

企业的组织架构不合理会导致企业承受不必要的损失。企业的部门设置冗余，部门间职责不清、配合不当，都会降低企业内部的工作效率。要解决这些问题，只有进行组织架构变革。本节将围绕企业组织架构及其设置方法和原则介绍如何进行组织架构变革。

一、什么是企业组织架构

组织架构的概念有广义和狭义两种。狭义是指通过一定的组织理论设计，合理安排组织内部各个部门、层级之间的构成方式。广义的组织结构除了做出组织层级之间的区分外，还要加强不同组织之间的协调，包括部门之间专业化协作、经济联合、企业集团的建立等。

企业的组织架构为企业内部决策权的划分和各部门的分工协作提供了便利。组织架构以企业的总目标为依据，合理配置企业内部的管理要素，确定活动组织的条件和范围，形成较为稳定的管理体系。

企业组织架构包含三个方面的内容，如下图所示。

单位、部门和岗位的设置

界定各单位、部门和岗位的职责、权力

界定单位、部门和岗位相互之间的关系

企业组织架构的内容

1. 单位、部门和岗位的设置

企业服务于特定目标,具有相应的职能部分。它不是由整体到部分进行分割,而是整体为了达到特定目标,设置不同的部分。

2. 界定各单位、部门和岗位的职责、权力

这是界定企业内部的目标功能,是一种合理、有效的分工方式。如果单位、部门或所属岗位缺少必要的目标功能,那么这个构成部分就可以被取消。

3. 界定单位、部门和岗位相互之间的关系

这是界定企业内部各个部分在发挥作用时,彼此如何协调、配合、补充和替代。

解决第一个问题的同时,就已经解决了后面两个问题,但三者存在一种彼此承接的关系。组织架构的重点在于单位、部门和岗位的设置,其次才是各部分之间的职责确定和关系协调等。

在企业治理层面,相对通用的组织架构有股东大会、董事会、监事会。董事会内部要设专门委员会。董事会的下级是董事长,董事长的下级是总经理,总经理的下级就是各个副总经理、总监等,总监之下就是采购、生产、销售、财务、研发等不同的职能部门。上市企业的架构有一个特殊要求,就是董事会要有1/3以上的成员是独立非执行董事,企业要有董事会秘书和内部审计部门,如下页图所示。

上市公司组织架构图

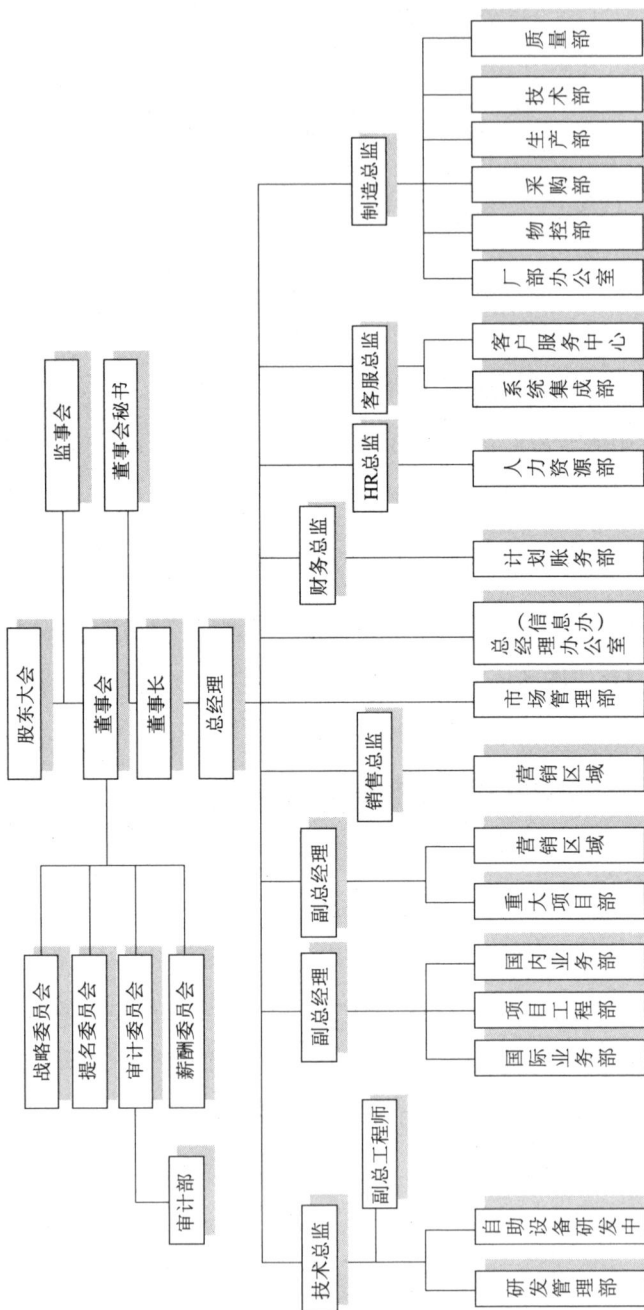

上市企业组织架构图

（以下为组织架构图，含股东大会、董事会、监事会、董事会秘书、董事长、总经理、战略委员会、提名委员会、审计委员会、薪酬委员会、审计部、技术总监、副总工程师、自助设备研发中心、研发管理部、副总经理、国际业务部、项目工程部、国内业务部、重大项目部、营销区域、销售总监、营销区域、市场管理部、总经理办公室（信息办）、财务总监、计划账务部、HR总监、人力资源部、客服总监、系统集成部、客户服务中心、制造总监、厂部办公室、物控部、采购部、生产部、技术部、质量部等部门）

常见的组织架构形式主要分为三大类,分别是扁平式结构、智慧型结构以及金字塔型结构,其中金字塔型结构又包括六个小类。

为了适应企业的发展,企业的组织架构应尽量灵活多样,但其发展趋势应以扁平化为主。目前很多大型企业都对管理层进行改革,以扁平化的发展模式提升企业的竞争优势。

例如,通用电气就曾经通过"无边界行动"和"零层次管理"对企业的管理层进行了有效缩减——从 24 个管理层缩减至 6 个管理层、管理人员从 2 100 人减少到 1 000 人。这样不仅降低了企业的运营成本,还有效提高了企业的管理功能,增加了企业的效益。在管理层缩减后,通用电气的销售额由原来的 200 亿美元上升至 1 004 亿美元,利润也明显增长。

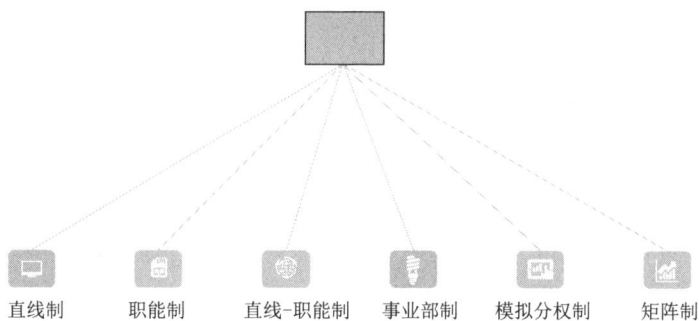

| 直线制 | 职能制 | 直线-职能制 | 事业部制 | 模拟分权制 | 矩阵制 |

金字塔型结构

我国也有一些企业在组织结构扁平化上做出了尝试与创新,并取得了良好的效果。例如,海尔集团根据国际化发展战略,重新设计了原有的职能结构和事业部,把职能结构转变成流程网络结构,业务结构转为水平业务流程,用市场链把各个流程有效地连接起来。

海尔的职能部门实行扁平化改进后,海尔的经营进入了更高的层次,企业实现了"三个零"——与顾客之间零距离、资金的零占用、质量的零缺陷。

二、设置组织架构的方法

了解了企业组织架构的基本知识后,需要掌握企业设置组织架构的方法及原则。

企业在设置组织架构时,共有五个步骤,分别是:对接战略、设置类型、设计涉及的部门、划分不同岗位功能、确定管理层级。

1. 对接战略

企业要先有战略才能有组织架构,然后才能根据组织架构进行岗位设置。但目前很多企业颠倒了这几个顺序,导致因人设岗的管理乱象。而且组织架构的设置不同于组织架构的优化,它是从无到有,因此,在设置组织架构时,首先要与战略对接,以免最终的组织架构不符合企业的需求。

在对接战略这一环节,组织架构设计者要明确以下几个问题:企业战略能细化为多少目标? 从什么途径实现这些目标? 这些目标具体分给哪些人? 企业的决策者要关注哪些重点?

2. 设置类型

企业的组织架构类型会受到企业战略、企业不同发展阶段与管理方式的影响。企业的组织架构有多种类型,具体选择哪一种,企业除了要考虑战略外,还需要遵循组织架构设置的原则。

3. 设计涉及的部门

这一步需要列出企业战略所承载的功能,如总经理办公室、人力资源部、财务部、技术研发部、品质管理部、营销部等。

4. 划分不同岗位功能

企业选择的组织架构类型会对企业的组织功能产生影响。不同企业的总经理办公室的功能可能天差地别,例如有的总经理办公室需要负责采购,有的总经理办公室需要负责合同等;再如小型企业的生产部的功能包括材料采购、安排生产计划、技术研发、工艺指导、成品检验、订单交付等,而大型的制造企业的生产部可能就只负责生产。一般功能划分越具体,岗位设置就越简单。

5. 确定管理层级

尤其是那些管理跨度大的企业,更需要考虑管理层级,以免出现管理真空。例如全国连锁的企业就要考虑到区域企业、省级企业、地方办事处等管理层级,通过不断细化来保证企业组织架构设计的责任均衡。

三、设置组织架构的原则

掌握了企业组织架构设计的方法后,还需要了解设置组织架构的原则,如下图所示。

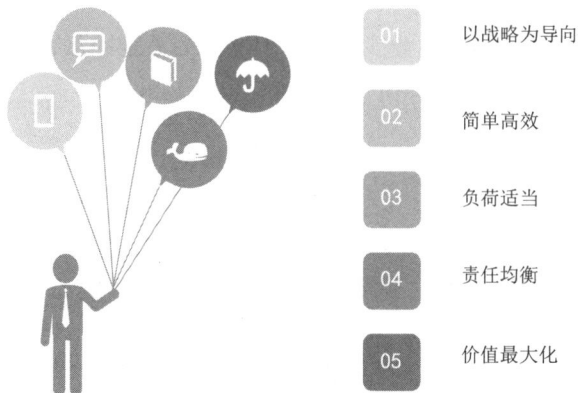

01	以战略为导向
02	简单高效
03	负荷适当
04	责任均衡
05	价值最大化

设置组织架构的原则

如果公司的战略没有具体部门执行,组织架构就会出现残缺。曾经上海某公司在全国设立了十家分公司,经营规模过亿元,但由于该公司没有设置成本核算部门,公司在不知不觉中欠了银行一亿多元贷款,但这家公司的决策人根本不知道这些钱花在哪里,最终导致公司倒闭。因此,公司的部门架构可遵循以下原则。

(1)以战略为导向。这一原则与组织架构设置的第一步类似,同样强调战略是组织架构的决定性因素,而组织架构又支撑企业战略的落地。

(2)简单高效。并不是设置的部门越多越好,过多会导致效率低下,过少又会导致组织结构残缺,不利于长期发展。

(3)负荷适当。这一原则要求在设置组织架构时,要适度划分部门的功能,不能一个部门承载的功能过多,也不能一个部门承载的功能过少。功能过多会导致部门反应迟缓,形成工作瓶颈,不利于企业的发展,功能过少又会导致员工工作不饱和、人力成本高。

(4)责任均衡。要做到责任均衡,企业要在设置组织架构时合理授权,不能让某一部门权力过大,最终导致权力失衡、制约乏力、滋生腐败。

(5)价值最大化。这一原则是要保证企业能以最少的投入获得最大的市场回报。

企业的组织架构是企业能长远向上发展的关键因素,因此,在设置组织架构时,企业一定要遵循以上五个原则与设置步骤,一步一步完善企业的组织架构,最终实现高效经营、提升企业市值。

第二节　建立高效独立的董事会

董事会是企业治理的中枢,连接着股东和利益相关者,而利益相关者包括但不限于债权人、客户和员工。董事会在企业治理中占有重要位置,董事会直接影响企业的兴衰。

本节将从执行董事、非执行董事、独立非执行董事三个方面来介绍董事会的主要构成,并着重介绍董事会的下属机构——审计委员会。

一、执行董事

执行董事的英文为 Executive Director,其中"executive"意为"执行的、实施的、行政上的"。由此可以看出,执行董事是指直接参与企业经营的人,在企业内部担任具体岗位职务、承担专业责任。

二、非执行董事

非执行董事不在企业内部承担职务,因此也称为非常务董事。非执行董事是董事会的重要成员之一,对执行董事起着监督、检查和平衡的作用。

2001 年 8 月,中国证监会发布了《关于在上市公司建立独立董事制度的指导意见》,该意见对独立非执行董事的含义、独立性标准、任职资格、产生程序、职权义务等作出了明确规定。

非执行董事和独立非执行董事不同,非执行董事主要代表股东的权益,在取得委派股东信任的情况下,非执行董事可不具备专业能力,而独立非执行董事必须具有较强的专业性。

非执行董事的主要职责就是对执行董事的行为进行监督,为董事会的正常运转提供意见。非执行董事对于企业的运营有重要作用,他们要对战略内容、业绩情况、重要职位的任免等做出独立判断。

执行董事和非执行董事在法律上没有明显区别。在一些单一董事会结构中,执行董事和非执行董事负有相同的法律责任。非执行董事在接受任命前,应对企业进行全面的了解和尽职的调查。

相关企业标准规定:"执行董事对董事会事宜负责,并且他们应为企业提出建设性意见和相应的战略指导,也应向专家提出建议并对管理层实行管理。"通常执行董事的企业运营经验丰富、个人品质高、专业知识过硬,有能力为董事会提出有价值的意见。而执行董事的独立性也能为董事会的审议工作带来足够的客观性。非执行董事的作用主要体现在以下方面。

1. 把控战略方向

非执行董事以"局外人"的身份,比执行董事更能从影响企业的大局观入手,了解环境中的外部因素。非执行董事在战略提出过程中充当建设性的批评者的角色。

2. 监督管理层

非执行董事还承担着监督管理层的职责,主要监督管理层是否按照既定的企业战略和目标进行企业经营。

3. 确定执行董事的报酬

非执行董事还要负责制定执行董事的薪酬水平。

4. 与外界沟通

非执行董事的重要作用就是帮助企业、董事会和有潜能的人才建立组织网络,企业及董事会可以从执行董事与外部的联系和提出的意见中受益。

5. 降低经营风险

非执行董事能保证财务信息的完整性,并确保财务系统和风险控制系统的稳健性和可辩护性。可辩护性指的是注册会计师是否能证明自己的工作,例如理由是否充分、思维的逻辑性是否严密、程序是否合规等。

6. 审计

无论企业是否组建了由非执行董事组成的正式的审计委员会,非执行董事在审计方面都有着重要的作用。全体董事有责任真实、公正地向非执行董事反映公司业绩和财务状况,而非执行董事对企业的审计能够使企业不偏离发展轨道、不误入歧途。

总体来说,非执行董事是不在企业任职的高层管理人员,主要起到监督与平衡的作用。非执行董事可以从全局出发了解企业的发展,从而提出更加客观的意见,同时他们也会监督董事能否考虑到全体股东的利益。

三、独立非执行董事

独立非执行董事在董事会中处于独立地位,并且不在企业内部任职,与企业或企业的管理者也没有重要的业务联系。因此独立非执行董事能对企业事务进行独立判断。证监会在《关于在上市公司建立独立董事制度的指导意见》中指出,上市企业的独立董事除了在上市企业内部担任独立董事外,不担任任何职务,并且与其所受聘的上市企业的主要股东之间不存在妨碍客观判断的关系。

根据以上规定,上市企业董事会的成员中独立非执行董事的人数不应少于董事会整体人数的1/3,并且至少有一名独立非执行董事是会计专业人士(具有会计高级职称或注册会计师资格)。独立非执行董事主要有以下几点作用,如下页图所示。

(1)有利于企业的专业化运作。独立非执行董事能利用自身能力为企业的发展提供建设性建议,为董事会决策提供参考意见,从而提高决策水平与经营绩效。

(2)有利于检查和评判。独立非执行董事在对总经理、高级管理人员等运营团队的绩效进行评价时,能发挥非常积极的作用。相对于内部董事,独立非执行董事的评价更为客观,易于企业实施明确的程序化评价,避免内部董事"自己为自己打分",最大限度地保护股东利益。

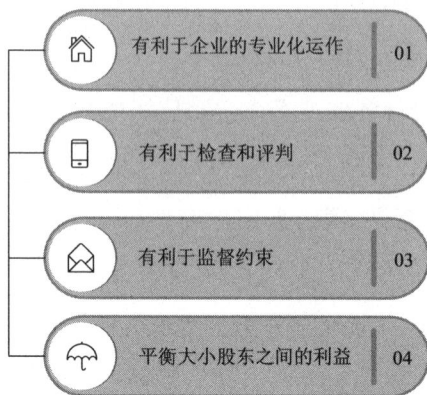

	有利于企业的专业化运作	01
有利于检查和评判	02
有利于监督约束	03
平衡大小股东之间的利益	04

独立非执行董事的作用

（3）有利于监督约束。在监督总经理等高级管理人员方面独立非执行董事起着很重要的作用。

（4）平衡大小股东之间的利益。独立非执行董事在企业董事会中是独立的,不代表任何利益主体,同时在表决中又被赋予了一定的特别权力,在利益主体之间起到一定的平衡作用。独立非执行董事能客观地监督管理层,维护中小股东权益。当股东和管理层发生利益冲突时,独立非执行董事能够站在中小股东的立场上,对管理层提出质疑和建议。

独立性和专业性是独立非执行董事最根本的特征。独立性要求独立非执行董事和上市企业之间不存在经济利益或产生运营、行权等方面的联系,保持独立,并且不受其他控股股东或企业管理层的限制。专业性要求独立非执行董事必须有一定专业素质与能力,能凭借自己的能力对企业的董事、经理以及有关问题独立地做出判断,并发表有价值的意见。

独立非执行董事首先要有《公司法》要求的董事任职资格,其次要满足法律关于独立非执行董事的"独立性要求"。

四、审计委员会

上市企业的审计机构是企业内部的专职审计机构,审计委员会是在上市企业董事会下设立的,主要由独立非执行董事组成、旨在加强上市企业财务治理的专门委员会。内部审计机构在业务上向董事长及审计委员会报告,在行政上向总裁报告。

在不同的管理模式下,内部审计机构的独立性、地位、工作范围、职能、监督作用和工作效率并不相同。

内部审计在董事会主管之下监督作用最大,在总经理主管之下工作效率最高。因此,实践中内部审计机构设于总经理主管之下和设于董事会主管之下这两种模式难分伯仲。但对于上市企业而言,无论是发展趋势还是资本市场监管的导向,都有利于董事会主管审计模式的发展。

财务、基本制度审计是内审工作的一部分,实际上当一个企业的内控系统完善后,基本制度审计和财务审计就不再是工作的重点。

在企业中,内审不同于其他部门,它更多是站在外人的角度考察企业做得如何,这体现了它的独立性,但它又将考察的结果以及自己的分析和部分方向性建议如实汇报给企业最高管理层。这个时候它又是企业的一部分,这一点体现了它的不独立性。

《上市公司治理准则》第五十二条规定:"上市公司董事会可以按照股东大会的有关决议,设立战略、审计、提名、薪酬与考核等专门委员会。专门委员会成员全部由董事组成,其中审计委员会、提名委员会、薪酬与考核委员会中独立非执行董事应占多数并担任召集人,审计委员会中至少应有一名独立非执行董事是会计专业人士。"

《上市公司治理准则》对于审计委员会的职责是这么规定的:

(1)提议聘请或更换外部审计机构;

（2）监督企业的内部审计制度及其实施；

（3）负责内部审计与外部审计之间的沟通；

（4）审核企业的财务信息及其披露；

（5）审查企业的内控制度。

除了以上这些职责，审计机构还有其他的职责。这些职责看起来很简单，但具体实施起来具有一定的难度。

除了内部审计，上市企业的审计机构还包括外部审计，它的主体包括国家审计和社会审计，国家审计由国家审计机关实施，社会审计由管理当局审核批准的社会中介组织进行。相对于企业内部审计，外部审计独立于企业，不受企业管理的制约，只依法对国家、社会以及相关利益主体负责，因此具有较强的独立性、公正性与科学性。

内部审计与外部审计共同构成了完整的审计体系。在具体的实施中，企业要做到内部审计与外部审计相协调。

由于内部审计与外部审计在内容、范围、标准、程序等方面有相似之处，因此内部审计可以通过外部审计的资料，来提高审计效率，也可以借助社会审计完成内部审计，还可以与社会审计机构合作，加大企业内部的审计监督力度；而外部审计也可以通过内部审计了解情况，利用内部审计成果来提高外部审计的工作效率。另外，内部审计与外部审计可互相监督，以保证审计的独立性。

由于上市企业的审计制度和监督机制较为规范，非上市企业可以多参照上市企业进行审计工作，再根据自己的实际情况进行调整。

第八章
深化人力资源配置

上市企业的价值创造能力是市值管理的核心，而价值创造能力取决于管理层的凝聚力和努力程度。因此，凭借股权的激励与约束功能，充分调动管理层的积极性、充分吸引人才的加入，是上市企业进行市值管理的一个有效手段。

第一节　如何进行股权激励

股权激励是企业为了留住核心人才而实施的一种长期激励机制,也被称为期权激励。一般是有条件地给予部分员工一定的股东权益,使其与企业形成利益共同体,帮助企业实现稳定发展的长期目标。

如何进行股权激励? 首先要明确 3 个概念,如图 8-1 所示。

现代企业理论和企业运行的经验表明,股权激励能有效改善企业的组织架构、降低管理成本、提高管理效率、提升企业的核心竞争力。做好股权激励计划也是实现股权激励的首要目标。

什么是股权激励计划

股权激励计划的设计

股权激励计划的实施

股权激励计划

一、留住人才、激发人才和提升企业业绩

股权激励计划这一概念源于美国,之后随着中国现代企业的发展,很多中国企业也开始实行这一计划。这是因为股权激励能留住人才、激发人才和提升企业业绩,无论是上市企业还是非上市企业,股权激励计划都很重要。

微软主营个人和商用计算机软件,为用户提供广泛的产品和服务,在

全世界多地设有办公室。微软之所以能够留住很多技术型人才,主要原因就是它实行的股权激励计划。

微软为企业的董事、管理人员以及员工设立了股票期权计划,为他们提供非限制股票期权和激励股票期权。例如,微软 2002 年授予的期权,从授予日开始计算,4 年半后开始行权,10 年内终止。到 2002 年 6 月,微软已经行权的期权为 3.71 亿股,计划还有 5.43 亿股可在未来进行授予。微软员工可获得企业的股份,享受 15% 的优惠,企业高级专业人员可享受的优惠幅度更大,另外微软还给任职 1 年的正式员工一定的股票买卖特权。

相较于竞争对手,微软的薪水并不具有强竞争性,但员工的主要经济来源是股票升值,企业员工拥有股票的比率比其他企业要高很多。在全球 IT 行业持续向上的大环境下,微软用这种方法吸引并留住了大量行业顶尖人才,大大提高了企业的核心竞争力,使企业持续多年保持全行业领先地位。

证监会发布了《上市公司股权激励管理办法》,股权激励进入规范化轨道。据 WIND 数据库统计,2020 年,我国已经实施了股权计划的 A 股上市企业共有 144 家。

股权激励与一般报酬支付方式不同,长期激励性报酬多数是通过“股权”或“期权”的形式来实现,因此通常将其称为“股权激励”。股权激励计划主要解决经营者与股东利益不一致的问题,通过股权或期权赋予经营者劳动者和所有者双重身份,使得股东和经营者成为利益共同体。

设计得当的股权激励计划本身就是一种约束制度。既充满利益诱惑,又能有效约束经营者在传统薪酬激励方式下“竭泽而渔”的短期行为,推动企业的可持续健康发展。

股权激励实际上就是将经济激励渗透到资本增值的过程中,将管理层的积极性问题转换为他们自己如何对待企业的未来业绩和企业股票价格的问题,让为企业作出突出贡献的经营者能合理享受创造的成果,消除利益失衡心态,从利益机制和源头上防范并遏制经营者的不当行为。

2018 年 12 月 13 日,山西汾酒发布的股权激励制度主要包括向股权激励对象授予不超过 650 万股的限制性股票,并且首次向 397 个股权激励对象授予 590 万股。

山西汾酒本次实行的限制性股票激励对象包括在任的企业中、高层管理人员和核心技术人员,其中山西汾酒副总经理等 8 位高管均在列。

8 位高管每人获激励授权 5 万股,其他 389 位中层管理人员、核心技术人员合计共获授权 550 万股,首次授予的价格均为每股 19.28 元,见下表。截至 2018 年 12 月 13 日,山西汾酒股票价格为 38.42 元/股。

山西汾酒首次授予的限制性股票分配情况

姓名	职务	获授权益数量(万股)	占授予总量的比例	占股本总额的比例
宋先生	副总经理	5	0.77%	0.006%
武先生	常务副总经理	5	0.77%	0.006%
李先生	副总经理	5	0.77%	0.006%
马先生	总会计师	5	0.77%	0.006%
郝先生	总经理助理	5	0.77%	0.006%
高先生	总经理助理	5	0.77%	0.006%
王先生	董事会秘书	5	0.77%	0.006%
武先生	总经理助理	5	0.77%	0.006%
中层管理人员、核心技术(业务)人员(389 人)		550	84.62%	0.64%
预留		60	9.23%	0.07%
合计		650	100%	0.75%

山西汾酒此次限制性股票激励的实行,对完善企业法人治理结构作出了贡献,健全了中长期的激励约束机制,也充分调动了中高层管理人员

和核心技术人员的工作积极性和创造性。此外,还有效地将股东利益、企业利益和核心团队成员个人利益相结合,促进企业业绩稳步提升,保证发展计划顺利完成。

山西汾酒预留了 60 万股,预计在首次激励计划实行后,将制订新一轮激励计划,而激励对象必须是与公司或子公司具有劳动关系或者在公司或子公司担任一定的职务。

二、激励方案设计

这里所讲的股权激励,分为上市企业和非上市企业两种。对于上市企业,《上市公司股权激励管理办法》规则相对清晰;对于非上市企业,目前还没有统一的股权激励的规则,所以相对来说设计激励方案可以更加灵活。

福特的“2008 年长期激励计划”以“业绩股票单元 + 股票期权”为主要方式,两者的比例为 75% 和 25%,其中股票来源是定向发行。

福特的业绩股票单元(Performance Unit, PU)相当于我们的“限制性股票 + 业绩奖励股票”,它既有转让限制与业绩考核,又属于免费赠予。

具体的实施方法如下。

福特先是根据企业业绩完成情况授予 PU 额度,例如 PU 预设总额是 100 万份,企业业绩完成 91%,那么就授予激励对象 91 万份 PU。

福特授予了激励对象业绩股票单元,在两年的限制期内,个人无权转让业绩股票单元,也无法获得分红和股息;限制期结束后,福特为激励对象发行对应额度的股票。激励对象在获得真实股票后,就能通过股票转让等方式获利。

福特的 PU 与限制性股票单元(RSU, Restricted Stock Unit)相似,在转为实股的环节和期权的行权方式类似,但是与期权略有不同。

企业针对高管的个人考核，主要以市值考核为主。福特规定从上任开始的 5 年时间内，高管必须达成规定业绩，否则会对个人职务晋升和薪酬水平产生负面影响。

福特规定的业绩指标是指高管持有的股权价值之和并达到基本工资的一定倍数，见下表，包括直接或间接获得的普通股、年终业绩股票单元奖励总额等。最终由薪酬委员会对高管进行阶段性考核。

福特高管的目标

高等职级	持有股权价值目标（占薪酬百分比）
执行董事长、总裁、CEO	600%
首席运营官	500%
执行副总裁	300%
集团副总裁	200%
副总裁	100%

股权激励计划的设计除了要分出不同人群外，还要根据企业的发展阶段、规模和面临的问题等进行调整。

从市值管理的角度来进行股权激励计划的设计，无论采用何种模式、在哪一类型的企业、哪一环节，都必须体现以下五方面的内容，如下图所示。

有科学合理的业绩考核

激励对象要付出一定的代价

考虑激励对象的风险承受能力

体现递延性报酬特征

报酬结构要合理

股权激励计划设计的内容

（1）要有科学合理的业绩考核。股东在意的是支付的业绩条件，也就是股权激励计划中业绩基础和业绩指标要科学、合理，能准确测量出经营人的努力和贡献。

在设计激励计划时，企业可以将历史业绩或同行业绩作为对照依据，业绩指标包括净资产收益率、每股收益等反映股东收益和企业价值创造的综合性指标，以及净利润增长率等能反映企业盈利能力和市场价值的成长性指标。

（2）激励对象要付出一定的代价。简单来说就是股权激励不是白给的，需要激励对象付出一定的代价。激励对象得到的股权激励分为两个部分：一部分是自己花钱购买的，相当于风险抵押金方式；另一部分是根据企业业绩赠送的，这属于激励部分。

（3）考虑激励对象的风险承受能力。激励对象相对而言都属于风险厌恶型，他们承担风险的能力较弱。而在股权激励计划设计中，要求激励对象掏钱入股的目的是让激励对象承担企业未来的一定风险，但这个风险一定不能过大，否则股权激励计划就有可能失败。

（4）体现递延性报酬特征。递延支付的报酬是一种实现业绩目标的抵押金，为了在将来能获得这些抵押金，激励对象不但要尽力避免被解雇，而且还要努力工作。因此，在股权激励计划设计中，一定要体现出递延性报酬特征。现在股权激励非常流行"一次授予，多次加速行权"的方式。

（5）报酬结构要合理。在激励对象的报酬结构中，基本工资、年度奖金和股权激励是最重要的组成部分。基本工资和年度奖金一般采用市场平均水平，股权激励部分要考虑企业市值增长。

在设计股权激励时，企业管理者对企业财务状况也应进行估算，以帮助企业进行全面的判断。除此之外，股权激励有一定的生命周期，企业管理者应根据宏观环境、政策环境的变化应做出恰当的调整。无论是股权结构还是股权激励,都是企业可持续发展的保障,在实施时需要综合多方面因素,谨慎、科学地设置。

三、激励计划的落地执行

2022 年 7 月 31 日,连锁药房龙头企业老百姓大药房推出 2022 年限制性股权激励计划,拟首次授予的激励对象包括企业中高层管理人员、核心骨干等不超过 321 名,拟授予限制性股票共 310.54 万股,约占老百姓大药房股本总额的 0.533%。授予价格为每股 16.78 元。具体授权时间有待确认。

从该企业的计划实施中,我们可以看到以下几点。

(1)授权日,即激励计划批准的日期。从公司层面来说,激励计划要经过董事会、股东大会的批准,要获得股东以及员工的同意。从国家层面来说,激励计划需要证监会的批准,国有企业还需要国家相关管理部门批准。因此授权日对每个企业来说,所需要的流程都不一样。

(2)激励对象。企业在具体实施股权激励计划时,要把激励对象的名字、获得的激励股份数量、行权条件和价格都详细列出来。老百姓大药房的激励对象包括高管、中层和核心技术人员等共 321 人。

(3)激励形式。限制性股票涉及授予价格,即允许员工以什么样的价格购买这部分股票,老百姓大药房的股票授予价格是 16.78 元。而标的股价为 33.20 元/股,限制性股票的价格大概是股票期权行权价格的 50% 左右。

(4)行权期。限制性股票行权也需要一定的时间完成。

(5)行权日,即约定好的可以购买股票的日期。

除了以上几点,在实施股权激励计划时,还要有以奋斗者为本的价值理念。尤其是对创业期、成长期的企业来说,所有的股东和核心员工都在奋斗、投入,这也意味着他们要承担更大的责任和风险。因此,一定要以奋斗者为本,以免奋斗者心里不平衡、影响他们的积极性。

实施股权激励计划的前提是保持企业控制权的稳定性。

老百姓大药房规定了一定时间的限制性股票的禁售期,激励对象获授的限制性股票在限售期内不得转让、担保或用于偿还债务。同时,老百姓大药房还和激励对象签署相关文件,明确激励对象因主动离职、公司裁员等原因而离职,已获授但尚未解除限售的限制性股票不得解除限售,由老百姓大药房按授予价格进行回购注销。无论是高管还是业务员工,他们的行为都将受到明确的限制,以此来保证企业内部的股权稳定性。

第二节 不同因素对股权计划的影响

影响股权激励计划的因素有很多,如企业管理不完善、IPO、约束控制机制、市场、政策环境的影响等。其中最为重要的两点是 IPO 以及市场,本节将从这两个方面介绍它们如何影响股权激励计划。

一、不同时期的股权激励

企业上市后,企业市值大幅增长。如果激励对象在上市前获得股份,那么和 IPO 之后的上市企业的股权激励相比,激励对象在企业上市后由股票获得的财富增值收益远超过 IPO 之前的股权激励。而和工资收入相比,股权激励更能长期激发激励对象对企业经营与未来发展的重视。此外,因为股权激励不需要企业付出任何的直接现金,所以也不会增加企业的现金流压力。

中国创业板市场 28 家上市企业中有 19 家企业在 IPO 之前就实施了

股权激励,其中神州泰岳、莱美药业、上海佳豪、安科生物、鼎汉技术、亿纬锂能、网宿科技、中元华电、机器人、红日药业等 15 家企业在招股材料中明确表示,为激励、保留核心骨干,进行了股权变更;南风股份、爱尔眼科、宝德股份、华谊兄弟 4 家企业也在上市之前通过优惠价格向企业骨干增资或股权转让,实现股权激励。

阿里巴巴上市前的股权报酬包括 3 种:受限制股份单位计划、购股权计划和股份奖励计划。上市后,受限制股份单位计划演变为阿里巴巴主要的股权激励措施。即便员工获得受限制股份单位,入职 1 年后才可行权,分 4 年发放,每年授予 25%,行权价格为 0.01 港元。这样的价格对员工来说,只会稳赚不赔。

受限制股权单位除了可以用作股权激励,还可用于并购支付。在并购交易中,阿里巴巴支付的现金不会超过 50%,剩余部分以受限制股份单位支付。假如阿里巴巴并购一家企业,协议价是 2 000 万元,阿里巴巴以现金的形式支付 600 万元,剩下的 1 400 万元以阿里 4 年受限制股份单位的股权来发放。

截止到 2020 年 9 月 30 日,阿里巴巴上市 6 年后,向员工累计发放的股权奖励已逾千亿元,在中国互联网企业排名领先。

在上市前后,企业实施的股权激励均会面临不同的问题。那么具体有什么样的差别,企业应该怎么应对? 如下图所示。

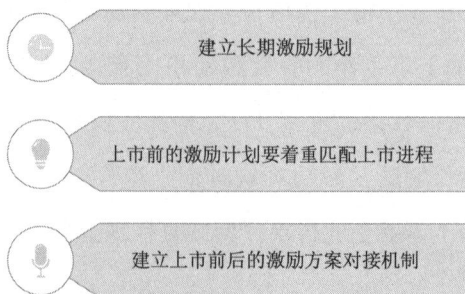

建立长期激励规划

上市前的激励计划要着重匹配上市进程

建立上市前后的激励方案对接机制

企业如何应对上市前后股权激励的差别

（1）建立长期激励整体规划。按照企业的关键发展阶段，考虑对人才激励需求的不同，建立长期的激励规划并分步实施。

（2）上市前的激励计划要着重匹配上市进程。这一举措的目的是确保激励计划对上市的正面促进作用。企业可以在上市前的两三年，甚至更早就启动股权激励计划。在企业的不同发展阶段，激励计划的授予价格定价依据也不同。如果离上市时间较远，通常参考每股净资产定价；临近上市多以预估的 IPO 价格为参照；上市后以市价为定价。

从激励效果来看，越早启动激励计划，授予价格越低，激励对象将来的获益空间越大，能更好地鼓励核心团队为企业上市而长期奋斗，有效防止"上市前突击入股"在市场上造成负面影响。

（3）建立激励方案对接机制。上市后的激励计划要着重合规、合法性的要求，对接机制要考虑企业未来上市地的监管政策。

有些市场允许将上市前未实施完毕的激励计划保持到上市后，但上市后的新授予实施要按照交易所上市规则的相应规定进行。A 股不允许上市前未实施完毕的股权激励方案延续到上市后，企业需要建立一个新老划断的时点，至少在上市后满 30 个交易日方可实施新的股权激励计划。

股权激励计划在 IPO 前后必然存在一定的差别，企业要把握好这些差别，真正实现股权激励计划对企业的促进作用。

二、不同市场的股权激励

在不同市场上，股权激励计划的差别较大。在美股上市企业中，多种激励方式相结合较为常见，并且激励的组合形式较为多样。例如，有的年度股权激励计划包括股票期权、限制性股票奖励、限制性股票单元和股票增值权等多种类型。

美股中 RSU(限制性股票单元)的授予较为灵活。例如苹果企业除 CEO 之外的所有管理层,实施每两年一次的 RSU 发放,每次发放的 RSU 都分多个阶段、分批次到期。在这样的模式下,苹果企业的所有管理层每两年就有新的、未到期的 RSU(限制性股票单元),也有以前年度授予的 RSU(限制性股票单元)到期,这就使得苹果企业的高管一直处于频繁、持续的被激励状态中。

目前的 A 股上市企业在激励工具种类的选择上也做出了改变。

很多 A 股上市企业采取多次授予期权,例如,一个新三板企业 2021 年推出的股票期权激励计划中,就将期权分 3 次、每年 1 次地授予,但每次的行权价格都在股权激励计划草案公告之初就已确定下来了。这与美股上市企业常用的浮动式行权价格不同。

至于考核办法,在我国上市企业所披露的股权激励方案中,企业考核指标排名在前的是净利润增长率(占 67%)、净利润(占 19%)、营业收入增长率(占 18%)、净资产收益率(占 12%)这 4 个财务指标。这点不同于美股普遍采用的市值考核。

股权激励计划在不同的市场存在差别,无论是上市企业还是未上市企业,都要根据市场来确定、调整自己的股权激励计划。

第九章
投资、并购可以有效提高市值

近几年,A股市场中小企业的市值出现了明显增长,很多"新经济"下的中小型上市企业市值也翻了几番。究其原因,除了二级市场对上市企业的业绩增长影响外,频繁出现的投资、并购也促进了上市企业的市值增长。

投资、并购是上市企业发展中关键的两个举措,成功的投资与并购可以有效地提高企业的市值,同时市值的增长也会促使企业完成更多的投资、并购项目,市值与投资、并购是相互促进的。

本章将从投资以及并购两个角度来解释为什么管市值就是管投资、并购。

第一节　投　资

投资是国家、企业或个人在设定特定目的后,与合作方签订协议,最终实现互惠互利、输送资金的行为。投资为实现项目、产业向综合体方向发展提供了基本保障。本节将主要介绍如何通过内生增长、外延式增长相结合的方式进行投资。

一、利用自身资源增长

内生增长主要依赖于企业现有的资产和业务,而不是通过兼并或收购形式实现收入和利润的增加。内生增长的核心内容是使经济不依赖外力推动保持稳定增长,而内在的技术进步是推动经济增长的重要因素。

某种程度上,投资者更看重企业能否实现内生增长,因为这代表着企业在进入商业周期的高峰时,其核心竞争力能否支撑其业绩和股价的持续增长。内生增长除了可以依赖于自身的自我造血机能,也可以利用一些并购的手段。

顾家家居发布了收购子公司的公告:公司预计以 2.52 亿元的资金收购子公司顾家寝具 25% 的股权,其中 1.01 亿元用于收购宁波沃居持有子公司 10% 的股权,1.01 亿元用于收购欧亚非持有的 10% 股权,0.5 亿元用于收购宁波乐宇持有的 5% 的股权。顾家寝具估价为 10.09 亿元,完成此次收购后,顾家家居公司将拥有寝具子公司 100% 的股份。

顾家家居收购子公司股权有两个主要原因:一是该公司品类事业部的规模将持续扩张到一定程度,约 10 亿元,顾家家居通过回购该子公司股权,最终实现对该公司的全资控股,兑现包括子公司负责人在内的少数股东权益;二是实现寝具品类未来发展战略的升级。顾家家居通过对子公司的全资控股,实现床和床垫品类发展的规划升级,实现品类的协同,奠定了公司整体业务发展的良好战略基础。

通过对子公司的全资控股,顾家家居能发展多品类、多层次的产品矩阵,在大家居领域稳健扩张。通过情景销售、大数据营销等,截至 2022 年第一财季,顾家家居拥有近 8 680 家门店,较 2021 年年底净增 117 家。

受益于行业集中度的提升,顾家家居的主营产品沙发销量较高,在此基础上顾家家居逐渐实行产品的品类拓展。公司通过向居然之家出资 1.98 亿元,间接入股居然之家,实现互联网新零售家居的布局。

内生增长是推动企业发展的决定性因素,只有保证企业的内生增长,企业才会实现经济效益的长久发展。同时,企业在内生增长时,需要严守它的本质,从企业内部发力,不断优化自身保持持续的增长。

二、融合型增长

真正的产融结合是以上市企业为平台,打造以金融控股平台为核心的多元化布局。通过对其他企业的控股或参股形成产融结合的股权结构,通过对股权的合理交易和安排,达到提高股权资产收益和提高市值的目的。

以复星为例,详述如何通过产融结合进行市值管理。

在顺应经济周期变化的大前提下,复星努力学习世界级商业巨头的成功经验,研究学习众多对标企业,从而使自己的产融模式从"产业运营"模式进化到"产业+投资"模式,再进化到"产业+保险+投资"模式。复星的产融模式进化之路如下图所示。

1. 和记黄埔:学习分散投资理念

复星与和记黄埔在业务形态上相似,两者均在不同程度上涉足零售、医药和地产领域。2011年之前复星拓展的项目主要集中于房地产、钢铁矿业等利润、风险并存的领域。而商贸零售现金流充沛,不会大起大落式发展;医药行业研发投入大,具有持续高速增长的潜能。因此复星汲取了和记黄埔通过分散投资来分散风险的方式,形成房地产、商贸零售、钢铁矿业、医药四大板块关联度不强的无关多元化集团,来抵抗行业周期对企业利润的影响。由于相关度低且回报周期不同的特点,复星旗下不同行业形成了一个很好的互补。

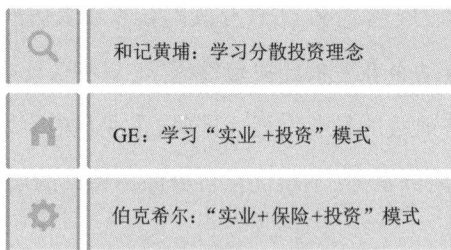

	和记黄埔:学习分散投资理念
	GE:学习"实业+投资"模式
	伯克希尔:"实业+保险+投资"模式

复星的产融模式如何实现

2. GE:学习"实业+投资"模式

2007—2011年,复星既像和记黄埔,又像GE。复星从GE身上主要学到了两点:一是产业和金融结合的方式;二是选择并购或投资标的企业的原则。

复星和GE都是做实业起家,然后做金融和投资。GE建立金融服务板块主要为其产业部门提供必要的金融服务,因此 GE 的产业背景推动了 GE 金融板块的发展。

复星在 2011 年之前的并购基本聚焦在医药行业和矿业,其后复星学习了 GE 结合自身产业优势进行投资与并购的做法,依托医药领域的资源优势,进行医药行业的并购;基于建龙集团与南钢股份在钢铁领域的经验,进行矿业的投资和并购。

3. 伯克希尔:"实业 + 保险 + 投资"模式

复星在这一次的学习中同样学习了两点:一是通过保险找到"便宜的钱";二是坚持价值投资,将资金投向"便宜的项目",以产生最优的回报,来保障扩张、并购的现金流。

伯克希尔产融模式的核心是保险,其拥有四大保险企业:GEICO、General Re(通用再保险)、伯克希尔基础保险公司和伯克希尔再保险公司。财险和再保险已为伯克希尔连续贡献了 13 年的承保利润。

2007 年,复星投资永安财险,开始涉足保险行业,复星在永安财险中占股 20%。2011 年,复星对于保险业务的思路趋于成熟,首次提出"构建以保险业务为核心的大型投资集团",就此开始了在保险领域的快速布局,截至 2022 年,复星集团已拥有多种险种资质,以保险为核心的综合性金融机构雏形初现。复星集团的保险板块进一步丰富。

复星着力布局财险、意外险和再保险业务,获得了可观的承保利润和可投资资产,与伯克希尔保险业务如出一辙。

除了保险外,伯克希尔还投资美国基础设施和高端制造,拥有被巴菲特称为"五大引擎"的 5 个实业企业。伯克希尔的投资分为财务投资、战略投资和收购控股三类。相比于之前股票市场的资本增值,保险、投资、实业能为伯克希尔带来更为直接和强大的价值创造。见下表。

2019—2021 年伯克希尔保险、零售、租赁等投资净利润

单位:百万美元

业务种类	2021 年	2020 年	2019 年
保险业务	69 478	63 401	61 078
零售服务业务	145 043	127 044	134 989
租赁业务	5 988	5 209	5 856
其他	7 465	8 092	9 240
合计	227 974	203 746	211 163

复星和伯克希尔的"实业 + 保险 + 投资"产融模式起点不一样,但殊途同归,都是以建立保险业务为核心。

巴菲特起步于二级市场的股票投资,为寻找到"便宜"的钱,伯克希尔发展了保险业务,以拓展多元化投资和工业集团,并最终形成"实业 + 保险 + 投资"的产融模式。

起步于实业的复星学习伯克希尔"实业 + 保险 + 投资"的产融模式,提出构建"保险 + 投资"的双轮驱动的投资和并购模式,将保险当作"投资能力对接长期优质资本"的最佳途径。

无论是复星的产业资本借力金融资本,还是伯克希尔金融资本拥抱产业资本,都是通过产融结合创造更大的内在价值和市场价值。

通过复星的案例可以看出,产融结合并不是一件简单的事,需要企业不断完善自身,立足于自己的实际情况。

第二节　并　购

并购的全称是兼并收购,也就是包含兼并和收购两种方式。兼并指两家或更多的独立企业合并组成一家企业,通常由一家占优势的企业吸收合并另一家或更多的企业。收购是指一家企业用现金、股票或债券购买另一家企业的股票或资产,以获得对目标企业本身或其资产的实际控制权。

本节的重点是并购,不同类型的并购作用不同,企业在实际运用时,要小心谨慎地选择最适合自己的并购类型。

一、产业链布局实现协同增长

并购多被称为外延式增长,主要用于完善企业自身的产业链布局。企业的管理者会基于各种考虑,转变经营方向,可能会将某业务个体独立或进行重组,精简成本结构,这就是并购重组。

并购是企业进行产业结构调整、调节资源配置、提升竞争力的重要方法,也是拓展证券市场、提升企业价值的主要渠道。19 世纪美国通用电气、福特汽车等企业的发展,20 世纪思科的飞速成长,21 世纪初美国花旗旅行者集团等巨型企业的诞生,都和并购有着密切的关系。几乎所有大型企业都是通过不同程度或不同方式的并购成长起来的。

上市企业并购的作用主要体现在两个方面:一是并购可以减少上市企业的成本,降低交易费用,实现快速扩张和飞跃;二是并购降低了市场准入门槛,增加了进入市场的渠道。

并购在提升上市企业价值、优化市场结构等方面发挥着重要作用:一是通过产业结构调整实现市场结构调整;二是完善市场的资源配置,提高市场效率;三是可以建立市场优胜劣汰机制,提高上市企业质量,优化上市企业结构;四是可以完善上市企业管理结构,保护投资者利益。

并购已经成为上市企业发展的主要战略路径,上市带来的资本量级的提高和流动性带来的良性估值,使上市企业拥有更强的支付能力。企业资本力量可以在行业中实现市场占有率的提升,打通产业链,提高产业链延伸过程中的竞争力,并通过并购实现净利润的快速增长。

在 2021 年年报当中,华自科技公司披露了部分未来发展战略:保持在电力、交通、环保等行业的优势同时,将加大进行相关产品系统整合的横向推广力度。通过投资、并购等方式,将协同性较强的产品和服务进行整合,实现企业为各个行业客户提供的智能控制、指挥决策方案的完善,进一步提升华自科技的竞争力。

2022 年 1 月 19 日,华自科技与华禹投资有限公司签署了相关协议,正式收购城步善能新能源有限责任公司(以下简称城步善能)96.20% 股权,城步善能成为华自科技公司的控股子公司。

城步善能的主业务为经营储能电站,为电网公司提供辅助服务,同时为新能源发电厂提供配套储能服务。

华自科技之所以收购城步善能,是因为我国清洁能源产业在当前也面临着结构调整、产业格局重塑等多重挑战。而华自科技旗下的锂电业务也需要顺应时代形势,做出一定调整。因此,华自科技收购城步善能,加快在储能行业的探索脚步,希望能够通过经营运作储能电站,进一步了解储能设备的终端使用情况,增强公司的持续盈利能力。

通过华自科技的发展,我们可以看到并购对企业的重要意义。

(1)在企业的生命周期里,会不断出现最佳管理者,每一个管理者都会采取不同的举措来改变业务组合,例如并购、重组,为企业创造价值。

(2)业务组合要与时俱进。当企业市值发展到一定规模时,企业的内部增长显然跟不上发展节奏,尤其是登陆资本市场后,股权变成一种支付手段,此时可以通过并购整合做大核心业务,不断提升市值。

上市企业的并购可以提升其市值,同时在上市企业并购过程中,也需要和市值管理进行多方面的良性互动。

(1)市值与并购工作的系统筹划。在市值管理推动上市企业市值增长的过程中,并购工作需有计划地推进,虽然并购只是一个短期工作,但是前期的方向选择、目标筛选、尽职调查等工作耗时较长。在这个过程中,市值管理应提前做好市场周期调研、盈余管理计划等工作。一些上市企业没有把这两项工作统筹规划好,导致在并购的过程中市值管理没有起到有效的支持作用,而在市值管理的过程中,并购也无法为市值带来推动力。

(2)并购方向应符合企业投资方向。并购与投资都应该围绕企业的战略目标展开,完善的投资轨迹可以帮助二级市场对上市企业的投资进行价值判断和预期管理,并购应对市场价值判断和预期起到验证作用,强化市场对投资路径和投资价值的认同。

(3)做好信息披露与价值推广工作。二级市场的价值判断和预期受市场波动的影响较大,在并购过程中,价值推广的深度和广度决定了市场如何判断上市企业的并购行为。上市企业应做好信息披露工作,引导投资者建立预期,管理价值判断,使得并购在服务于企业市值管理的前提下顺利推进。有些上市企业在信息披露中不诚恳,信息传递保守,甚至只披露好消息隐瞒坏消息,使得投资者对企业的经营产生疑虑,对企业的并购行为难以产生认同感,最终反而导致企业市值降低了。

并购与市值,两者是相互影响、循环互动的。上市企业完成优质资产的并购后,市值会得到进一步的提升;而在市值被提升后,又给并购提供了新的条件。两者在循环互动中,不断推动上市企业竞争力的提高。

二、不同类型的协同效应

在并购的整个过程中,市值管理都会起到十分重要的作用。市值管理的作用主要体现在三个方面。

(1)有效降低并购成本。上市企业实现市值增长后,一方面可以增发股票实现换股收购,缓解并购的现金压力;另一方面,由于市值提高,可用更少的股份实现对价的支付,降低并购成本。

(2)有助于解决并购后的激励问题。上市企业并购背后通常牵涉很多的业绩对赌条款,而并购后,企业的市值高低与被并购方的利益密切相关,有助于并购后的激励与融合。

(3)有效利用资本杠杆进行调控。在并购过程中,若通过现金支付存在财务压力,可以通过增发股票实现资金募集,或借助并购基金完成并购。

企业并购的类型有很多,依据不同的分类标准可以划分为不同的类型。根据双方行业相关性,可将并购分为横向并购、纵向并购和混合并购。

青岛啤酒的并购是典型的横向并购,即收购竞争对手,与竞争对手进行合并。青岛啤酒品牌早已享誉海内外,1993 年分别在 A 股和 H 股上市,共募集了 7.87 亿元人民币,成为国内首家在 A 股和 H 股同时上市的股份有限公司。

上市之后,青啤集团凭借政策实施、品牌打造、技术研发、科学管理等方面的优势,主打品牌战略,坚持走"高起点发展,低成本扩张"的道路,在中国啤酒业掀起并购浪潮,如下图所示。

| 1994 | → | 1996 | → | 1998 | → | 1999 | → | 2000 | → | 2003 | → | 2009 | → | 2011 | → | 2014 | → | 2020 |

青岛啤酒并购时间线

1994 年青岛啤酒收购某啤酒企业,但在收购后,青岛啤酒陷入亏损。

1996 年的青岛啤酒只有品牌没有规模,年产量为 35 万吨,市场占有率仅有 2%,青岛啤酒在这个时候的定位是中高端商品,但当时消费市场的 90% 为低端产品。

1998 年青岛啤酒制定"低成本扩张"的并购策略,尝试用低成本在短时间内提高市场占有率,通过规模效应把企业做大。

1999 年是青岛啤酒的并购高峰期。一直到 2000 年,青岛啤酒在重点消费区域并购了 45 家啤酒生产企业,年产量扩大到 185 万吨,市场占有率提升至 10.7%。

2000 年开始,青岛啤酒收购区域大中型以及合资企业,A 股增发 7.59 亿元,年产能达 380 万吨。青岛啤酒在收购北京的五星、三环,陕西的汉斯、渭南、汉中等 6 家企业后,2000 年 7 月又收购了廊坊啤酒厂,8 月初收购上海嘉士伯,8 月 18 日成立北京双合盛五星啤酒股份有限公司。

2003 年,青岛啤酒收购了宝鸡啤酒,但此时问题也接踵而至。青岛啤酒并购的很多酒厂都是连年亏损的小型企业,这也为青岛啤酒的统一管理与业绩增长带来了麻烦。所以青岛啤酒在此之后调整了并购策略,放慢并购节奏,同时调整组织架构,进行品牌整合。

2009 年,青岛啤酒收购了趵突泉啤酒。

2011 年,青岛啤酒收购了广东知名啤酒品牌活力啤酒。

2014 年,青岛啤酒收购了山东淄博绿兰莎啤酒。至此,山东啤酒市场几乎完全被青岛啤酒占领。

2020 年,青岛啤酒进一步提出整合平台资源,实现高质量的跨越式发展的发展战略,希望能够构建与啤酒业务互补的生态体系,因此收购了雀巢在中国的业务。青岛啤酒实行了"快乐、健康、时尚"三大板块的深度整合,最终成为中国啤酒业的巨头。

正向的经营协同效应是指通过产业链整合降低生产成本和交易成本;正向的管理协同效应是指改变管理的有效性,促进技术转移,达到提升品牌商誉等无形资产的价值;正向的转型升级协同效应是指通过收购调整产业结构,实现主营业务从价值链的末端向前端转移。

例如,紫光集团在电子信息产业链内实行的并购,富士康电子产品产业链的并购都是较为典型的纵向并购。

混合并购主要指不同行业企业间的并购行为,资本市场上经常出现的跨界并购也属于混合并购的范畴。

有些混合并购的目的是实现企业的战略发展。例如泛海控股收购了在纽交所上市的美国大型综合金融保险集团 Genworth 的全部已发行股份、民安保险 51% 的股权、华富国际控股有限公司 51% 的股权,将自己建设成为"以金融领域为主导、以产业领域为基础、以互联网领域为平台"的产融一体化的国际化企业集团。

第十章
企业上市管理

    市值管理是上市企业基于市值信号，通过运用各种科学规范的价值经营方式，实现企业价值创造扩大化、价值利益优化的目标，最终完成上市企业可持续的市值最大化。市值管理的主体主要为上市企业，因此，企业能否实现IPO也是企业能否进行市值管理的重要前提。

    因此，对企业而言，管IPO就是管市值，本章将从IPO地点以及IPO的相关知识出发，介绍企业实现IPO应该注意的问题。

第一节　企业上市的主要方式

企业上市对企业而言总体上利大于弊。但上市并非易事,企业要想快速实现 IPO,不仅要"修炼好内功",也要关注 IPO 环境的变化与监管动向。

企业 IPO 主要有两种方式,分别是直接上市以及间接上市。

一、直接上市

直接上市是指在证券交易所实现挂牌交易。从目前来看,直接上市是主要的证券上市方式。

A 股上市企业的市盈率大多为 30~40 倍,发行市盈率在较长时间内高于市场交易的同行业股票市盈率。A 股上市最关键的优势是能让上市企业发行同样的股份,获得更多融资。

下面将从三方面介绍直接上市的一些内容,如下图所示。

1. A 股证券交易所

A 股上市证券交易所,分别是上海证券交易所(简称上交所)、深圳证券交易所(简称深交所)、北京证券交易所(简称北交所)。

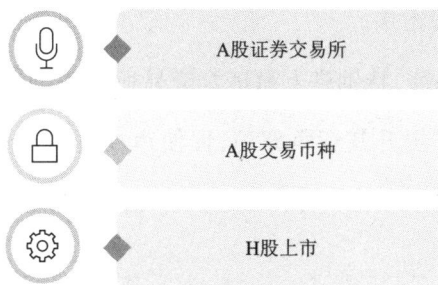

直接上市的内容

上交所成立于 1990 年,注册人民币 1 000 万元,是我国最大的证券交易中心。深圳证券交易所于 1991 年 7 月正式营业。北交所于 2021 年 9 月 3 日注册成立,是中国第一家公司制证券交易所。当前,3 大证券交易所的主要证券品种包括股票、国债、企业债券、权证、基金等。

上交所和深交所的组成方式均为会员制,是非营利性的事业单位。业务种类包括对上市证券进行组织管理、为证券交易提供适当场所、办理上市证券的清算与交割事宜、提供上市证券市场范围内信息、受理中国人民银行允许受理或委托的其他业务等。北交所则主要面向创新型中小企业,业务种类包括发行上市、融资并购、企业监管、投资者合法性审核等方面,形成了一个独具特色的业务体系,深受创新型企业欢迎。

在北交所出现前,上交所与深交所的上市资源采用平分方式,上交所上市一家企业,深交所也要上市一家企业;上交所挂牌交易几家基金,深交所同样也要挂牌交易同样数量的基金。但随着北交所业务的不断完善,它的市场定位、核心竞争力与上交所、深交所均不相同,这意味着公司在上市时有了更多选择,上市进程也更加顺利。

2. A 股交易币种

A 股的全称为"人民币普通股"。简单来说,用人民币进行买卖的股票市场统称为 A 股市场。

三大证券交易所，特别是上海证券交易所和深圳证券交易所拉开的资源争夺战有利于提升其竞争意识，促使市场进一步完善，进而增强 A 股市场的国际影响力，为未来 A 股市场走向国际舞台奠定了坚实的基础。

3. H 股上市

通常情况下，企业 H 股上市，从申请到发行需要 7 个月左右的时间。

2015 年 6 月 29 日，联想控股在香港证交所上市，股票代码为"03396"。联想控股面向全球发行 3.529 44 亿 H 股，发行价为 42.98 港元，通过此次上市联想控股融资 151.7 亿港元。

在 A 股大热之时，联想控股为什么选择 H 股上市？在深港通和沪港通等有利条件的促使下，能够吸引更多投资者进行投资。

二、间接上市

间接上市也称"借壳上市"，又称作反向收购，是指非上市企业通过收购债权、控股权、直接出资、购买股票等收购方式收购一家上市企业，从而获得这家上市企业的所有权、经营权以及上市地位。目前企业一般通过二级市场并购，或通过法人股的协议转让实现自身资产与业务的间接上市。

借壳上市有两个步骤。第一步是要进行股权转让，也就是"借壳"。非上市企业要先寻找经营出现困境的上市企业，然后购买该企业一部分股权，从而控制企业。

非上市企业有两种购买上市企业股权的方式：一是购买该上市企业

未上市流通的法人股,这需要原持有人同意以及有关部门的批准;二是直接在股票市场上购买该上市企业的股票,但这种方法成本较高。

借壳上市的第二步是进行资产置换,也就是"换壳"。这一步需要卖出上市企业原有的不良资产,并将优质资产注入上市企业,从根本上改变上市企业的业绩。

与 IPO 直接上市相比,借壳上市能帮助非上市企业在很短的时间内以相对较低的成本上市,能避免直接上市的高费用与不确定性。

上市企业额度非常稀缺,不是所有的企业都有机会上市,因此,借壳上市成为很多企业上市的一个重要选项。

企业在借壳上市时,要注意找到一个干净的、适合它的"壳"。有些上市企业由于机制转换不彻底,经营管理不善,业绩表现不尽如人意,失去在证券市场上进一步筹集资金的能力。而非上市企业要充分利用上市企业的"壳"资源,就必须对其进行资产重组。但大多数"壳"企业都有很多负债,资产却很少。因此利用"壳"资源之前一定要仔细调查,最好借助专业人士寻找"壳"企业。

理想的"壳"资源应具有以下几个特点:股本规模较小,股价较低;股东人数适中;负债低;业务与拟上市业务相近;不涉及任何法律诉讼。

青鸟天桥的借壳上市方式是先收购,再受让股权。

北京天桥(600657)成功以 1 264 万元对北京北大青鸟的子公司北京北大青鸟商用信息系统有限公司98%的股权进行了收购,并以5 323万元的价格收购了北京市北大青鸟软件系统公司的青鸟商业自动化系统 V2.0 软件技术和青鸟区域清算及电子联行业务系统两项无形资产。

随后北京北大青鸟又与北京天桥的原大股东——某国有资产经营

公司以及某住宅开发建设集团总公司签署了法人股转让协议书,共受让11 269 870股企业法人股,占总股本的12.31%。

在此之前,北大青鸟已受让了京融商贸公司、深圳市莱英达集团股份有限公司和深圳市莱英达开发有限公司持有的共计4 080 000股的企业法人股,占企业总股本的4.45%。此次转让后,北大青鸟共持有该公司股票15 349 870股,占企业总股本的16.76%,成为该公司第一大股东。

青鸟天桥的收购策略,是借壳上市的首选。公司在选择具体的上市方法时,要立足于自己的实际情况,具体问题具体分析,不要盲目跟风。

三、A股上市的变革

A股上市企业的市盈率大多为30倍,发行市盈率长期高于其他市场交易的同行业股票市盈率。可以说,能让上市企业发行同样的股份融到更多的钱是A股上市的核心优势。下面具体看A股上市的制度变革。

股票公开发行后就可以获得上市资格。股票发行共有三种制度,分别是审批制、核准制和注册制。通道制、保荐制仍属于核准制。

审批制是股票市场发展初期采用的股票发行制度,主要使用行政和计划的方式分配股票发行的指标和额度,然后由地方或者行业主管部门推荐企业发行股票。审批制对于维护上市企业的稳定和平衡复杂的社会经济关系有着重要意义。

在审批制下,企业发行股票的首要条件是取得指标和额度。只要获得了地方或者行业主管部门推荐的指标和额度,股票发行就没有什么问题了。所以说,审批制下的股票发行指标和额度是竞争焦点。

注册制是股票市场相对成熟时采用的股票发行制度。在注册制下，证券监管部门首先将股票发行的必要条件公布出来。如果企业满足了所公布的条件，就可以申请发行股票。发行人申请发行股票时，需要依法将公开的各种资料完整、准确地向证券监管机构申报。证券监管机构承担证券市场的监管职责，对上市企业提交的申报文件的完整性、准确性和真实性进行全面审核。至于发行企业的质量，需要由证券中介机构来判断和决定。注册制对发行企业、证券中介机构和投资者的要求都比较高。

核准制是由审批制向注册制过渡的一种中间制度。一方面，核准制取消了审批制的指标和额度管理，让证券中介机构承担责任，证券中介依靠其专业知识对企业是否达到发行股票的条件进行判断；另一方面，证券监管机构还需要对发行企业的经营性质、财力情况、综合素质、发展前景、发行数量和价格等诸多因素进行审查核实。

在 20 多年的发展过程中，A 股发行制度经历了不同阶段。从 2001 年开始，A 股发行制度由审批制改为核准制。

随着 A 股市场的发展，核准制的问题逐渐凸显，推进股票发行注册制改革迫在眉睫。由于核准制依靠行政审批，造成了排队时间长、审批效率低以及人为抬高 IPO 门槛等问题。一系列问题的出现将很多优质企业关在股票市场大门外。很多企业仅排队就需要三五年的时间。

推行注册制的好处非常多。首先，注册制对市场自我约束机制的培育和形成有促进作用；其次，注册制有利于发挥资本市场配置资源的作用；然后，注册制有利于提高资本市场服务实体经济的效率；最后，注册制有利于协调投融资功能平衡，促进资本市场长期稳定健康发展。

随着 A 股市场的完善、成熟以及股票发行制度改革的进一步深化，注册制将取代核准制。注册制真正落实之后，A 股市场将会迎来新的面貌。

第二节　上市知识汇总

在了解了 IPO 三大方式之后，再一起来了解 IPO 的相关知识。

一、什么是上市标准

上市标准是针对即将上市的企业而言，它们应满足法律规定的哪些条件。不同的上市地有不同的管理和政策制度，对即将上市企业的财务制度和股权制度也有不同的标准，不同的上市板块也有不同的要求。

以上海证券交易所为例：企业在股票首次上市之前应当向上海证券交易所申请并签署《证券上市协议》。《证券上市协议》包括以下内容：

（1）股票简称、上市日期、上市数量等情况；

（2）双方的权利、义务和应遵守的法律法规及其他相关规定；

（3）关于企业及其董事、监事、高层管理人员应积极配合上海证券交易所监管的规定；

（4）上市费用和交纳方式；

（5）股票暂停、终止上市及之后在代办股份转让系统继续交易等事项；

（6）其他有关内容。

根据《中华人民共和国证券法》《股票发行与交易管理暂行条例》和《首次公开发行股票并上市管理办法》的相关规定，A 股主板和中小企业板首次公开发行股票的具体要求见下表。

A 股板块上市条件对比

条 件	主板、中小板	创业板
主体资格	依法设立且合法存续的股份有限公司	依法设立且持续经营三年以上的股份有限公司
经营年限	持续经营 3 年以上，经国务院批准的除外	持续经营 3 年以上
出资	发行人的注册资本已足额缴纳，发起人或者股东用作出资的资产财产权转移手续已办理完毕，发行人的主要资产不存在重大权属纠纷	发行人的注册资本已足额缴纳，发起人或者股东用作出资的资产财产权转移手续已办理完毕，发行人的主要资产不存在重大权属纠纷
股权	股权清晰，控股股东和受控股股东、实际控制人支配的股东持有的发行人股份不存在重大权属纠纷	股权清晰，控股股东和受控股股东、实际控制人支配的股东持有的发行人股份不存在重大权属纠纷
持续经营要求	最近 3 年内主营业务和董事、高级管理人员没有发生重大变化，实际控制人没有发生变更	最近 2 年内主营业务和董事、高级管理人员均没有发生重大变化，实际控制人没有发生变更
主营业务	最近 3 年主营业务没有发生重大变化	最近 2 年主营业务没有发生重大变化
股本要求	发行前股本总额不少于人民币 3 000 万元（上市条件要求发行后股本总额不少于 5 000 万元）	发行后股本总额不少于 3 000 万元
财务状况	发行人资产质量良好，资产负债结构合理，盈利能力较强，现金流量正常	

续上表

条　　件	主板、中小板	创业板
盈利能力	（1）近3个会计年度净利润均为正数且累计超过人民币3 000万元，净利润以扣除非经常性损益前后较低者为计算依据 （2）最近3个会计年度经营活动产生的现金流量净额累计超过人民币5 000万元，或者最近3个会计年度营业收入累计超过人民币3亿元	最近两年连续盈利，最近两年净利润累计不少于1 000万元；最近一年盈利，最近一年营业收入不少于5 000万元。净利润以扣除非经常性损益前后较低者为计算依据
资产要求	（1）最近一期末无形资产（扣除土地使用权、水面养殖权和采矿权等后）占净资产的比例不高于20% （2）最近一期末不存在未弥补亏损	最近一期末净资产不少于2 000万元，且不存在未弥补损
持续盈利能力	发行人不得有下列影响持续盈利能力的情形：①发行人的经营模式、产品或服务的品种结构已经或者将发生重大变化，并对发行人的持续盈利能力构成重大不利影响；②发行人的行业地位或发行人所处行业的经营环境已经或者将发生重大变化，并对发行人的持续盈利能力构成重大不利影响；③发行人最近1个会计年度的营业收入或净利润对关联方或者存在重大不确定性的客户存在重大依赖；④发行人最近1个会计年度的净利润主要来自合并财务报表范围以外的投资收益；⑤发行人在用的商标、专利、专有技术以及特许经营权等重要资产或技术的取得或者使用存在重大不利变化的风险；⑥其他可能对发行人持续盈利能力构成重大不利影响的情形	保荐人及其保荐代表人应当对发行人是否具备持续盈利能力、是否符合法定发行条件做出专业判断 发行人应当在招股说明书中分析并完整披露对其持续盈利能力产生重大不利影响的所有因素，充分揭示相关风险，并披露保荐人对发行人是否具备持续盈利能力的核查结论意见

除了上表中列举的这些要求,还有具体的其他上市要求,企业在上市以前,要深入研究这些规定的标准,提前做好准备。例如 A 股主板和中小企业板上市的其他条件如下:

(1)企业治理:发行人已经依法建立健全的股东大会、董事会、监事会、独立非执行董事、董事会秘书制度,相关机构和人员能够依法履行职责;发行人董事、监事和高级管理人员符合法律、行政法规和规章规定的任职资格;发行人的董事、监事和高级管理人员已经了解与股票发行上市有关的法律法规,知悉上市企业及其董事、监事和高级管理人员的法定义务和责任;内部控制制度健全且被有效执行,能够合理保证财务报告的可靠性、生产经营的合法性、营运的效率与效果。

(2)独立性:具有完整的业务体系和直接面向市场独立经营的能力;资产完整;人员、财务、机构以及业务必须独立。

(3)同业竞争:与控股股东、实际控制人及其控制的其他企业间不得有同业竞争;募集资金投资项目实施后,也不会产生同业竞争。

(4)关联交易:与控股股东、实际控制人及其控制的其他企业间不得有显失公平的关联交易;应完整披露关联方关系并按重要性原则恰当披露关联交易,关联交易价格公允,不存在通过关联交易操纵利润的情形。

二、什么是中介机构

中介机构是通过相关的法律专业知识和技术服务,向委托人提供公正性、代理性、信息技术服务性等中介服务的机构。

IPO 上市共要聘请四家相关中介机构:证券公司、会计师事务所、律师事务所以及评估机构,各机构资格与职责各不相同,其中前三个更为重要。

证券公司是保荐机构以及主承销商,是企业上市过程中的总设计师,负责上市过程中的协调工作。这类中介机构的身份在企业上市过程中会不断变化,例如在股份企业设立阶段是"财务顾问",在辅导阶段是"辅导机构",在申报审核阶段作为"保荐机构",在发行阶段则为股票发行的"主承销商"。通常情况下,在《证券发行上市保荐业务管理办法》中,前三个阶段的机构都被称为"保荐机构"。

会计师事务所主要负责对企业的财务工作进行管理、承担会计核算和内控工作,为企业提供上市过程中的财务、税务问题的专业指导,协助申报材料制作,出具审计报告和验资报告等。

2022年1—2月,有28家会计师事务所承担了IPO上市项目。其中,天健的"战绩"最亮眼,以6个上市项目拔得头筹,大华、立信、容诚则并列第2,详见下表。

2022年1—2月会计师事务所承揽的IPO项目量

排　　名	会计师事务所	IPO项目量
1	天健会计师事务所	6
2	大华会计师事务所	5
2	立信会计师事务所	5
2	容诚会计师事务所	5
5	致同会计师事务所	4
5	中汇会计师事务所	4
7	普华永道中天会计师事务所	3
8	华兴会计师事务所	2
8	天职国际会计师事务所	2

续上表

排　名	会计师事务所	IPO 项目量
10	安永华明会计师事务所	1
10	毕马威华振会计师事务所	1
10	大信会计师事务所	1
10	公证天业会计师事务所	1
10	上会会计师事务所	1
10	中天运会计师事务所	1
10	中喜会计师事务所	1
10	众华会计师事务所	1
	合计	44

　　律师事务所主要负责解决预计上市企业在改制过程中遇到的相关法律问题,协助企业准备报批相关文件,出具法律意见书和律师工作报告,对申请文件提供指导意见等。

　　2022 年 1—2 月,有 28 家律师事务所为 IPO 项目提供法律服务。其中,北京国枫位列第一,IPO 项目量为 6 个,北京德恒、北京金杜、国浩(上海)、锦天城并列第二,见下表。

2022 年 1—2 月律师事务所承揽的 IPO 项目量

排　名	律师事务所	IPO 项目量
1	北京国枫律师事务所	6
2	北京德恒律师事务所	3
2	北京市金杜律师事务所	3
2	国浩律师(上海)事务所	3
2	上海市锦天城律师事务所	3
6	安徽承义律师事务所	2
6	北京大成律师事务所	2

续上表

排　名	律师事务所	IPO 项目量
6	北京市中伦律师事务所	2
9	北京海润天睿律师事务所	1
9	北京市海问律师事务所	1
9	北京市嘉源律师事务所	1
9	北京市君合律师事务所	1
9	北京市君泽君律师事务所	1
9	北京市天元律师事务所	1
9	北京市炜衡律师事务所	1
9	北京市中伦文德律师事务所	1
9	北京卓纬律师事务所	1
9	广东华商律师事务所	1
9	广东信达律师事务所	1
9	国浩律师（广州）事务所	1
9	国浩律师（杭州）事务所	1
9	国浩律师（深圳）事务所	1
9	国浩律师（武汉）事务所	1
9	湖南启元律师事务所	1
9	上海市方达律师事务所	1
9	上海市金茂律师事务所	1
9	上海市通力律师事务所	1
9	浙江天册律师事务所	1
	合计	44

　　企业选择中介机构是为自身上市提供基本保障,对企业来说,选对了中介机构,企业 IPO 进程中的关键问题将会被及时解决,上市将会事半功倍。

　　企业和中介机构是双向选择的关系,企业在选择中介机构时应注意以下几个方面。

（1）中介机构是否有资格从事证券业务。特别是会计师事务所和资产评估师事务所,在从事股票发行上市业务时必须具有证券从业资格及保荐承销业务资格。

（2）中介机构的执业能力、执业经验和执业质量。企业要深入了解中介机构的执业能力,并对中介机构的执业经验和执业质量进行评估,从而选择执业能力较强、对行业规范较为熟悉的中介机构,以保证中介机构的执业质量。此外,中介机构的声誉也能综合反映其整体水平。

（3）中介机构团队之间的历史合作情况、沟通便利性和配合协调度。股票发行上市是发行人以及各中介机构"合力"的结果。

（4）费用。中介机构的费用也是企业在发行上市过程中需要考虑的关键问题,具体收费或收费标准应在双方协商后确定。

根据《股票发行工作若干规定的通知》（证监〔1996〕12号）、《股票发行审核标准备忘录第1号》等有关规定,企业自改制到发行上市需要承担一定的费用,其费用项目及收费标准具体见下表。

企业改制发行费用表

项　　目	费用名称	收费标准
改制设立	改制费用	参照行业标准由双方协商确定
上市辅导	辅导费用	参照行业标准由双方协商确定
发行	承销费用	承销金额1.5%～3%
	会计师费用	参照行业标准由双方协商确定
	律师费用	参照行业标准由双方协商确定
	评估费用	参照行业标准由双方协商确定
	审核费用	20万
	上网发行费用	发行金额的0.35%

续上表

项　　目	费用名称	收费标准
上市及其他	上市初费	3 万元
	股票登记费	流通部分为股本的 0.3%，不可流通部分为股本的 0.1%。
	信息披露费	视实际情况而定
	印刷费	
	差旅费	

中介机构的费用贯穿了企业上市流程的始终，包括改制设立、上市辅导、发行及其他方面等，因此企业在选择中介机构时一定要格外慎重，这关系到企业 IPO 的进程以及成败。

第十一章
投资者关系管理

投资者关系管理是董事会企业治理的重点,投资者关系管理的好坏直接影响企业的利益。投资者关系管理对象是投资者、潜在投资者、监管机构以及新闻媒体。

第一节　投资者关系管理

本节将从投资者关系的战略意义、如何设立以及如何执行投资者关系战略三个角度来讲述投资者关系管理的相关知识。

一、投资者关系的战略意义

投资者关系的战略意义并不仅是使企业在个别资本运作中获得竞争优势,其真正的战略意义在于投资者关系能为企业建立可持续的竞争优势,而这正是企业战略的核心。投资者关系战略不是只有上市企业或拟上市企业需要,它实际上贯穿于企业发展的各个阶段。

投资者关系管理工作包括以下几个方面:

(1)以企业经营发展战略为目的,完善、改进投资者关系管理体系,把信息准确、及时地传递给投资者;

(2)拓宽和投资者的沟通渠道,把握资本市场要求,创建有助于企业发展的投资者文化;

(3)把握股权和债权投资者对企业的不同偏好,对于不同类型投资者进行有针对性的沟通,在投资者市场上锁定目标投资者,打造一个与企业业务发展目标、价值观一致的目标投资者群,形成股票、市场评价和企业业务发展之间的良性互动；

（4）建立高效的投资者关系管理团队，使投资者关系负责人能较为容易地接近企业决策层，这样投资者关系负责人能够迅速理解经营者的理念和意图，并将这些及时传递给投资者，同时把投资者的意见反馈给企业。

投资者关系管理能够加强企业与市场相关主体的交流，在此基础上实现融资成本最低和收益最大化目标，为价值增长创造良好的市场氛围。投资者关系管理主要有以下三种模式。

（1）在企业内部设立投资者关系管理部门。该模式可以实现投资者与业务的良好对接，能有效地针对企业面临的问题对症下药，实现投资关系管理的目标。

（2）将投资者关系管理事项进行外包。该模式可以弥补企业在投资者关系管理领域的不足，节约时间和成本。

（3）上述模式的结合。混合模式可以发挥自我管理与外部管理的优势，达成投资者关系管理的目标。

例如，Air Sensors 就通过投资者关系管理，重新树立了企业形象，取得了显著成效。

Air Sensors 是燃料系统供应商，但是品牌知名度不高。1993 年，Air Sensors 基于偿还贷款的目的发起了股票融资，但是大部分投资者都不看好该企业，认为其经营领域较为单一，因此 Air Sensors 的融资失败了。

为了改变这种局面，Air Sensors 聘请了专业的公关公司重新打造企业形象，从"汽车制造商"转变为"环保卫士"，提升投资者对企业的兴趣。

公关公司对该企业进行了相关背景调查，发现华尔街对 Air Sensors 有误解。公关公司与该企业的高层管理人员进行详谈，将外界的误解与高管对企业的理解进行对比，在此基础上，为 Air Sensors 制订了投资者关系管理计划，受众为企业的原股东和有意向的投资者，目的是重新打造企业形象,吸引公众注意,实现股票发售。

公关公司具体通过以下步骤实施操作:

(1)公关公司先与 Air Sensors 高管进行详谈,对企业现状进行深入了解;

(2)向投资界的 2500 个重要投资者发放增发招股书;

(3)在十几个城市安排演讲和见面会;

(4)主动联络国内财经媒体;

(5)每隔 3 周至 5 周向重要的分析师、相关经纪人和基金经理发送宣传文章和企业公告;

(6)制作符合 Air Sensors 形象的年报,背景为蓝天白云,向投资者传达企业的环保理念。

通过公关公司的一系列操作,Air Sensors 的投资者关系管理工作得到了进一步完善,也因此获得了巨大收益:

(1)股票价格从每股 4.5 美元上涨为 12.75 美元,随后又上涨到 14 美元。认股权证价格从每股 0.5 美元上涨至 3.5 美元,交易量也上涨至 670 万份;

(2)市盈率高于行业平均水平 63 倍,市值也从 1 800 万美元上涨到 5 100 万美元,上涨趋势维持了 1 年时间;

(3)该企业的股票增发成功,顺利还清了贷款,企业盈利情况也明显好转。

随着我们证券市场的发展壮大,投资者关系以及投资者关系管理的理念不断得到深化,已经开展过一部分属于投资者关系范畴的工作,如在报刊和网站上公布企业的年报、中报,公布股民咨询电话并委派专人回答股民提问,不定时展开路演,网上直播新股发行吸引股民投资等,但投资者关系以及投资者关系管理仍有很大发展空间。

投资者关系管理还不完善,主要有两大原因,如下图所示。

投资者关系管理还不完善的原因

(1)缺乏市场结构基础。资本市场还处于发展阶段,市场提供的投资品种数量过少、市场体系深化程度不高,缺乏灵活性。

(2)缺乏产生、发展投资者关系管理的制度基础。目前资本市场的主要特征是股权分割,上市企业外部约束较弱,没有建立符合"股东至上"理念的企业治理机制。

但随着证券市场的不断发展和规范,投资者投资理念的逐渐转变,监管水平的日渐提高,中国的上市企业也将不断完善投资者关系管理,提高与投资者和中介机构之间的沟通效率。

二、如何建立投资者关系

投资者关系含义较为广泛,既包括了上市企业和拟上市企业,上市企业和股东,债权人和潜在投资者之间的关系,也包括与投资者沟通过程中,上市企业与资本市场各类中介机构之间的关系。

在企业的管理中,企业战略的制定应以发展目标为前提,以对企业的发展进行总体性、全局性的指导为目的。投资者关系管理是上市企业管理的重要内容,应被纳入企业战略管理的范围。投资者关系管理战略作为企业的未来基础规划,要如何制定?

1. 随企业总体战略的调整而调整

投资者关系战略是企业整体战略的一部分,因此必须要保证其与企业整体战略协调。只有明确了企业定位、企业在行业中的地位、优势、企业未来发展方向等战略性问题,企业制定的投资者关系管理战略才能与企业的整体战略相适应,并取得实际成效。

2. 研究市场

市场的变化会对企业的股价产生巨大影响,因此,企业要充分了解市场的变化,如宏观调控政策、市场需求等,以及市场变化对企业经营的影响,将这些信息主动传达给投资者,并向投资者说明企业的应对措施,以此向投资者做出保证,让投资者对企业树立信心。

3. 对企业的产业、经营状况和财务状况进行分析

对企业的产业、经营状况和财务状况进行分析,并有针对性地将分析得出的结果展现给投资者,帮助投资者了解企业的发展前景。此外,对这三方面进行分析还有助于企业确定管理目标,帮助企业制定更加切合实际的投资者关系管理战略。

4. 明确投资者关系现状

企业明确了投资者关系现状,才能找到改善的方向。明确投资者关系现状的方法有以下几种:

(1)分别调查中小投资者和机构投资者;

(2)调查财经记者,搜集媒体报道,了解媒体对企业的关注程度和深度;

(3)分析企业成交量、股价、投资者持股比例变化;

(4)统计分析师对企业的研究和调研次数。

企业在制定投资者关系战略时,需要遵循实事求是的原则,不要过分追求热点,以免让投资者认为企业华而不实,对企业产生反感情绪。

另外,任何投资者关系的建立都不能一蹴而就,想要提升与投资者的关系,企业要建立畅通的沟通渠道,坚持与投资者在多领域进行沟通。

三、投资者关系战略落地

企业除了要建立投资者关系外,还有一个重要的工作是执行投资者关系战略。

1.上市企业投资者关系管理遇到的问题

目前上市企业投资者关系管理遇到的问题,如下图所示。

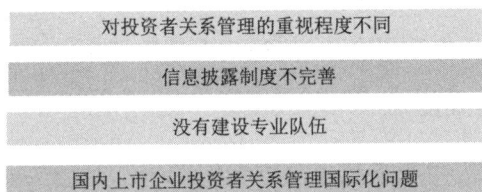

对投资者关系管理的重视程度不同

信息披露制度不完善

没有建设专业队伍

国内上市企业投资者关系管理国际化问题

投资者关系管理遇到的问题

(1)上市企业对投资者关系管理的重视程度不同。以投服中心发函的行权工作为例,有的上市企业基本不回复,而有的上市企业就能够积极磋商或者及时改正。

(2)上市企业信息披露还不完善。尽管上市企业正在逐步提高信息披露的质量和数量,但非强制性的信息披露内容还不够完善。

(3)没有建设专业队伍。很多上市企业的投资者关系管理工作没有相应的部门承担,主要以定期向社会公布财务报表的方式和投资者互动,但实际上企业还应该向投资者传达相关法律、行业知识等内容。

(4)投资者关系管理面对更广泛对象。随着沪港通、深港通的落地,上市企业受到更多关注,因此对投资者关系管理也应考虑到更广泛投资者的需求,进一步完善管理工作。

2.执行投资者关系管理战略的措施

在明确了投资者关系管理存在的问题后,企业可采取有效措施,有针对性、有效地执行投资者关系管理战略。

（1）建立有效的投资者关系管理制度。为解决企业专职的投资者关系管理人员相对较少的问题，首先要在制度上明确投资者关系管理的岗位职责，落实到人；其次要设置投资者关系管理岗位，并逐步充实投资者关系管理专业人员；最后还要推出投资者关系联系人制度，将投资者关系管理的职能延伸到分支机构。

（2）保证投资者关系管理的专业性。投资者关系管理工作内容涉及环节多、影响广泛、专业性较强。企业可以增加对相关人员的专业培训，组织人员参加行业内重要会议，使相关人员掌握企业当前的经营情况和宏观政策，提高专业能力。

（3）不断创新、拓宽与投资者沟通的渠道和方式。上市企业可以在网上设立投资者关系管理工作专区，或利用企业微信、微博、App 等互联网工具与投资者互动，有效提升投资者对投资者关系管理工作的满意度。

（4）培育良好的投资者关系管理文化。在规范、充分的信息公开的基础上，企业管理人员通过与投资者和分析师对企业战略规划、企业治理方式、经营业绩标准等进行双向及时沟通，提升企业品牌形象，定期向管理层反馈资本市场的行业信息，提升企业监管的透明度。

第二节　危机公关管理

危机管理实际上也是投资者关系管理的重要组成部分，投资者关系管理工作完成得好，在应对危机时也能快速找到合理的处理方式。

上市企业在经济活动中有着极高的关注度，因此，当企业出现危机时，如何去正确有效地控制、引导和处理危机就成为企业发展的重中之重。

一、危机公关的核心内容

危机公关指上市企业在面临各种突发事件时,运用公关手段与外界进行有效沟通,以修复企业形象、保障企业有序运转。危机公关作为公共关系管理的重要组成部分,越来越受到上市企业的重视和关注。

调研结果显示,上市企业的突发致命危机主要有两个:一是企业家自身出现问题,如因涉嫌犯罪而被采取刑事强制措施;二是资金链断裂,出现产品质量、员工关系、环境污染、安全生产事故、重大诉讼等危机。

目前资本市场存在着这样的问题,一般上市企业对商品市场的品牌意识较强,而对于资本市场的品牌建设工作则做得很不够。部分上市企业由于缺少公关意识,企业市值因此受到不良冲击。

资本市场是信用市场,投资者非常精明,在他们面前弄虚作假或对问题熟视无睹,会使企业失去信誉,使企业的市值受到损失。投资者关系需要考虑的危机公关有很多,虽然对企业的经营没有太大影响,但直接关系到企业盈利情况的真实性,资本市场也有可能出现波动,因此企业要重视危机公关管理。

二、上市企业应该如何进行危机公关

从投资的角度来看,投资关系涉及政府、投资者、消费者三方面。很多企业的危机公关主要是针对股东和分析师,但是没有考虑到政府和消费者之间的联系,丧失了企业传播信息的有效渠道。如果危机公关没有考虑到政府和消费者也是投资关系的一方,相关利益方对企业信息不甚了解,也就为后续的市值管理埋下了隐患。那么,上市企业具体应该如何进行危机公关?

1. 建立健全应急处理机制

上市企业应建立健全应急处理机制，及时化解危机，减少企业损失。这也是内部控制制度的重要内容。

2. 注重沟通协调

上市企业应与有关部门、工商联以及银行等债权人建立良好的沟通机制，危机发生后，应及时与其沟通情况，取得理解和支持。必要时企业可根据有关规定，向法院申请和解或破产重整，以避免企业财产遭到查封或先予执行，使企业无法进行正常的经营活动。

3. 注重投资者关系

对于投资者来说，他们非常重视行业的状态、企业战略、技术实力、产品结构、市场竞争策略、财务分析等信息。如果企业在这些方面的信息不透明，就会埋下危机隐患。

投资者比普通消费者更为专业，这就要求企业负责危机公关的投资者关系团队也必须具备相应的知识。

4. 注重消费者

从股东的角度来说，消费者也有可能成为上市企业的股东，政府与投资者也承担着消费者的角色。

第十二章
财务体现市值

　　这里提到的财务姑且先聚焦在财务数据上。财务数据作为与企业经营活动相关的重要数据，可以反映企业的偿债能力、运营能力和盈利能力，也是投资者运用估值模型的主要数据基础。

　　因其在企业经营中的重要性，管理好财务数据，能够在财务层面与投资者进行充分和必要的沟通，能够让投资者充分认识到企业的价值，继而在市场上给出正确的市值。从某种程度上来说，管市值就是管财务。

第一节　什么是财务报表

判断股票价值高低的方式较多,判断标准也不同,而财务报表作为一种判断标准,也是财务数据的主要载体。财务报表与上市企业经营结果紧密相关,几乎为所有的投资者使用。

财务报表应尽量简洁,能够直观反映上市企业的经营效益和发展前景,为不了解上市企业情况的投资者提供认识上市企业内在价值的途径。

一、历史财务数据的分析方法

通过企业的历史财务数据,可以分析企业过去、现在的经营结果以及财务状况。历史财务数据中包含着一个重要假设,那就是过去作用于企业的因素仍将作用于未来。

分析历史财务数据的方法有以下几种:

(1)比较分析。分析财务信息之间的数量关系和数量差异,展现未来发展趋势。这种比较包括实际与计划相比、本期与上期相比、企业与同行业其他企业相比。

（2）趋势分析。揭示企业的财务状况和经营成果的变化及其原因、性质，预测企业未来的发展趋势。所用的数据既可以是绝对值，也可是比率或百分比。

（3）因素分析。借助差异分析法分析相关因素对财务指标的影响。

（4）比率分析。在设计或选择财务比率时，应该遵循以下两个原则：财务比率的分子和分母为同一企业、同一期间的财务报表，但也可不是同一张报表；财务比率的分子与分母应有逻辑联系，如因果关系，以此保证所计算的财务比率能说明问题，能对企业的实际情况进行分析，即比率具有财务意义。

京东2017年营收额为3 623亿元，增长率为40%；2018年营收额为4 620亿元，增长率为27.5%；2019年营收额为5 769亿元，增长率为24.9%；2020年营收额为7 458亿元，增长率为29.3%；2021年营收额为9 516亿元，增长率为27.6%。由此可见，虽然京东的年营收额逐年增长，但增长率也是有所下降的。

再如，阿里巴巴2017财年（阿里巴巴通常以财年为单位公布财务数据，财年与自然年不同步，前者从每年的4月1日开始，至第二年的3月31日结束）全年营收额为1 582亿元，增长率为56%；2018财年全年营收额为2 503亿元，增长率为58%；2019财年全年营收额为3 768亿元，增长率为51%；2020财年全年营收额为5 097亿元人民币，增长率为35%；2021财年全年营收额7 172亿元，增长率为41%。

此外，在净利润方面，阿里巴巴2021财年全年净利润为1 503亿元，相比之下，京东2021全年净利润仅为172亿元。

那么历史数据如何表明方向，具体内容体现在以下几个方面，如下图所示。

1. 梳理企业战略规划

历史数据是对过去战略规划的检验，是绩效的具体的考核指标。同时也是明确未来发展趋势，确定未来 3~5 年的战略目标的基础。

梳理企业战略规划

为经营决策提供重要参考

制定及分解经营目标

历史数据表明方向

2. 为经营决策提供重要参考

对历史财务数据进行分析，可以建立相关的目标动态分析模型。企业根据往年数据对现有产能进行客观评估，以确定相关指标的发展趋势，并将历史数据代入模型来进行公开、量化的分析研讨，以减少人为因素对企业经营目标制定的影响。

3. 制定及分解经营目标

通过整合预测，确定总体计划存在的不足之处，对企业能力、可整合资源进行评估，继而制定企业的经营目标。

企业在确立经营目标后，可对目标进行分解，反复核查与目标相关的工作流程、评价指标体系及考核激励办法，鼓励全体员工尽快完成目标。

二、财务报表的重要组成

一套完整的财务报表包括企业的资产负债表、利润表、现金流量表、所有者权益变动表（或股东权益变动表）和财务报表附注，其中较为重要的是资产负债表、利润表以及现金流量表。

资产负债表主要包括企业在特定时间内的资产情况、负债情况和所有者权益三方面的内容，其编制要遵循"资产 = 负债 + 所有者权益"这一公式。其中资产包括企业所拥有或其他企业所欠的资源或财产。负债是指企业应当支付的全部债务总和。所有者权益是净资产,可由此看出企业的资产结构。

资产负债表是财务报表的基础,一个企业的资产负债情况也是其基本情况的体现。现金流量表和利润表都是在资产负债表的基础上进行编制和分析。

在资产负债表中,资产应主要分为流动资产和非流动资产两部分,在这两部分资产类别下进一步按性质进行分类;负债应当按照流动负债和非流动负债分别列示,在流动负债和非流动负债类别下继续按性质分项列示;所有者权益一般按照实收资本、资本公积、盈余公积和未分配利润分项列示。

利润表反映企业在一定会计期间的经营成果。

(1)以营业收入为基础,除去营业成本、营业税金及附加费用,以及销售、管理、财务费用的损失,加上公允价值变动收益(除去公允价值变动损失)和投资收益(除去投资损失),得到实际的营业利润。

(2)在营业利润的基础上,加上营业之外的收入,减去营业之外的支出,得出利润总额。

(3)以利润总额为基础,减去所得税费用,计算出净利润(或亏损)。

那些已经对普通股或潜在普通股进行公开交易的企业和正处于公开发行普通股或潜在普通股进程中的企业,还应在利润表中列示出每股股票具体的收益信息。

利润表中几个非常重要的数据如下所示。

(1)净利润,这个数据代表上市企业的盈利能力和结果。

(2)净资产收益率,它是财务报表中非常重要的一个数据,在其他数据没有大问题的情况下,仅凭净资产收益率就可以对上市企业的内在价值做出基本判断。在计算净资产收益率时,应除去报告期内非经常性收入的利润,以便更加准确地反映上市企业的盈利能力和发展前景。

(3)营业收入增长率是评价企业现状和未来发展前景的重要指标,是企业本年营业收入增加额和上年营业收入总额的比率。这一数据表示与上年相比,主营业务收入的增减变动情况。

现金流量表表现出企业在特定时间内现金和现金等价物的流入、流出情况。现金流量表以报告的形式呈现,通过分类反映企业运营中产生的现金流量、投资活动产生的现金流量以及筹资活动产生的现金流量,最后将这些现金流量汇总到一起,反映出企业在特定时间内的现金及现金等价物的净增加额。

现金流量充足意味着企业财务状况良好,在短期内不会出现大的经营风险。现金流量大则表明企业的资金回笼快,产品有竞争力。

投资者和管理者看待财务报表的侧重点有所不同,好的财务报表可以为企业吸引大量投资者的注意,招募到更多优秀的员工,融资也相对容易。因此,良好的财务报表对企业的内在价值和市值的提升都能起到促进作用。只有明确财务报表的重要内容,才能够建立完善的财务模型。

三、市值管理与财务报表的关系

财务报表是对企业财务状况和经营成果以及现金流量的走向进行结构性表述,企业在进行市值管理时,应密切关注财务报表中的三个指标:收入与收入结构、每股收益(EPS)以及收入和利润的构成。这些数据和企业的股票趋势、历史数据的幅度与斜率等密切相关。

财务报表的重要作用具体体现在以下几个方面:

（1）财务报表可以从不同方面展示企业在特定时期的财务状况、经营成果和现金流量情况，有利于管理人员对任务指标进行了解，同时帮助管理人员对经营业绩进行评价，及时发现问题，调整经营方向，提高管理水平，为经济预测和决策提供依据。

（2）有利于经济管理部门了解企业经济的运行状况。相关部门通过对企业提供的财务报表资料进行分析能准确了解各行业、各地区的经济发展情况，以便调控宏观经济运行，优化不同行业的资源配置，保证经济稳定持续发展。

（3）有利于投资者、债权人和其他利益相关者掌握企业的财务状况、经营成果和现金流量情况，进而分析企业的盈利能力、偿还能力、投资收益、发展状况等，为投资者和债权人的投资、贷款和贸易提供决策依据。

（4）有利于财政部门、税务部门、工商部门、审计部门等部门对企业进行监督管理。这些部门也可通过财务报表对企业是否遵守国家的各项法律、法规和制度，以及有无偷税漏税的行为进行检查。

除了以上四点外，注重财务报表既能避免"空城计"所带来的风险，又有利于企业制定报表策略。企业可以配合市值管理的要求突出财务报表的重要内容，实现财务报表对市值的正向促进作用。

第二节　财务评价体系和财务预估

财务评价体系主要用于对企业的市值进行准确预估，财务预估包括确定预估目标、收集相关资料、建立预估模型、确定预估结果等步骤。财务预估有助于企业的战略目标落地。

一、建立合理的市值管理绩效评价体系

基于企业的财务数据,就可以建立合理的市值管理绩效评价体系。中国证券市场是个新兴市场,企业的内在价值常常不能准确地被反映出来,容易产生低估或高估的现象。如果忽略了这些现象,上市企业对于自身市值管理的评价就会有所偏颇。上市企业构建绩效管理评价体系,可以从以下三个方面入手。

1. 经济价值评价指标体系

从盈利能力、偿债能力、运营能力、成长能力、股本扩张能力、现金创造能力和股东财富创造能力七个方面选取了八个指标(见下表)。

当前经济价值评价指标体系

方　　面	指标名称
反映盈利能力的指标	净资产收益率
反映偿债能力的指标	资产负债比率
	速动比率
反映营运能力的指标	总资产周转率
反映成长能力的指标	主营业务收入增长率
反映股本扩张能力的指标	每股净资产
反映现金创造能力的指标	每股净经营现金流
反映股东财富创造能力的指标	经济增加值

其中,盈利能力是企业在市场竞争中优胜劣汰的生存基础,净资产收益率反映的是企业实际净投入的经济效率,因为它可以衡量企业盈利率是否优于社会平均盈利率,所以是反映盈利能力的重要指标;偿债能力是评价企业财务状况的重要依据,资产负债比率和速动比率是其

中最常用的指标,分别代表长期偿债能力和短期偿债能力;营运能力是衡量企业经营状况的关键因素,总资产周转率是衡量营运能力的代表性指标。

成长能力是企业持续经营的前提条件,主营业务收入增长率反映主营业务的创利水平,是反映企业成长与发展能力的重要指标;股本扩张能力体现了企业原始资本投入是否产生增值,每股净资产是其中的重要指标;现金创造能力是衡量企业财务业绩的重要依据,每股净经营现金流是代表性指标;股东财富创造能力反映了为股东创造的价值,经济增加值指标是代表性指标。

2. 价值创造指标体系

经济增加值(Economic Value Added,简称 EVA)是税后净经营利润减去资本成本后的余额,资本成本(也可称为资本经济价值的机会成本)等于企业的资本投入乘以资本加权平均成本。EVA 与其他业绩评价指标之间的主要区别是:EVA 是"经济利润"。当某种商业行为获取"租金"(投资的一种特殊形式的回报)时,其收入必须超过所有的经营费用和资本成本,否则就不会为投资者创造财富。

当企业的资金回报率足够高时,企业才真正创造了财富。传统会计利润指标忽视了资本的机会成本,只扣除了债务成本。EVA 考虑了全部资本成本,可以更准确地反映出企业所创造的价值,更科学地分析出企业财富的增长问题。相对于传统会计指标,EVA 具有更丰富的信息含量,因此是帮助企业寻找交易和创造价值的最佳方法。

但是 EVA 只以为股东创造财富为目标,而忽略了为员工、供应商、客户及其他利益相关者创造财富,因此只能作为衡量价值指标体系的一部分。EVA 应当与其他指标配合使用,才能更准确地衡量企业创造的价值。

企业为利益相关者创造的价值反映在企业的盈利能力、运营能力、股本扩张能力、发展能力等多个方面。因此,对企业价值创造情况的评价不应仅包括 EVA,也应包括其他反映核心竞争能力的指标,如净资产收益率等。这些指标与 EVA 共同建立了价值创造评价体系,可以很好地对企业创造的价值进行评价。

市值管理的核心是使股东价值最大化,因此企业价值创造就成为市值管理的重要组成部分,它也是企业进行可持续经营的基础。企业主要通过对经营活动进行战略规划,再将其与具体的经营活动相结合从而创造价值。企业价值创造需要通过对一系列价值驱动因素的掌控来实现,包括财务活动、组织管理活动、营销活动、生产活动以及外部沟通活动等。

市值管理通过对上述价值驱动因素的控制来实现股东价值的增长。此外,有关权威机构也会依据价值创造能力、价值创造成长性两个因素来评价企业的价值创造能力。

价值创造能力主要通过企业的价值创造量、价值创造效率和盈利能力三大因素来衡量。其中衡量价值创造量的指标是 EVA 即经济增加值,它在考虑了企业权益资本成本的基础上,充分反映了企业整体的经济利润;价值创造效率通过资本效率来衡量,可以反映单位资本的价值创造效率;盈利能力通过主营业务收益率、净资产收益率和每股收益来衡量,前两者反映企业资本的获利能力,后者反映每股可分配到的净利润。

价值创造成长性反映一家企业未来的价值创造能力,与当前价值创造能力相对应,可以通过 EVA 增长率、主营业务收益增长率、净资产收益增长率、每股收益增长率等指标来衡量。同时,经济增加值并购模型也把企业市值分为两部分:当前营运价值和未来增长价值。其中当前营运价值体现了当前盈利能力产生的价值,未来增长价值是衡量企业期望增长价值的贴现值。

(1)经济增加值(EVA)。其含义为投资资本所得的收益与投资资本的机会成本之差。

计算公式为:

经济增加值 EVA =(投资资本回报率 ROIC – 加权资本成本 WACC)× 投资资本 IC = 税后净营业利润 NOPAT – 加权资本成本 WACC × 投资资本 IC。

其中投资资本是经过调整后的权益资本与债务资本之和。

(2)资本效率的计算公式为:资本效率 = 经济增加值 EVA/投资资本 IC = 投资资本回报率 ROIC(税后净营业利润 NOPAT/投资资本 IC)– 加权资本成本 WACC。较高的资本效率是资产投资高质量和资产结构合理性的表现,有利于指导上市企业优化资产结构和选择投资方向。资本效率高意味着企业价值增加,也是资本回报最大化的体现。在流通更加频繁的市场条件下,该指标会越来越重要。

(3)净资产收益率(ROE)。净资产收益率是反映股东投资利润率的指标,是净利润与权益资本总额的比值。其代表了股票持有者的投资回报率,体现了股东的收益。

计算公式:净资产收益率 ROE = 净利润 NP/权益资本总额 TCI

(4)主营业务利润率(ROM)。主营业务利润率是企业主营业务盈利能力的反映。主营业务突出且具有较高主营业务利润率的企业,更容易实现可持续发展,能够给投资者带来信心。反之,主营业务不明朗或主营业务利润率低下,表明企业的经营存在较大隐患。

计算公式:主营业务利润率 ROM = 主营业务利润 GP/主营业务收入 POR

（5）每股净收益（EPS）。每股净收益是影响股价的指标，表明每持一股所能分配到的净利润。其与市盈率的乘积就是股票的价格，与每股净资产的比值就是净资产收益率。行业相同、条件相当的企业被假定具有相近的市盈率，对于这些企业，每股收益与股价成正比。

计算公式：每股净收益 EPS＝期末净利润 ENI/期末总股本 EOP

3. 价值实现指标体系

价值实现指标体系主要是对非充分有效的资本市场提出的，在一个有效的资本市场中，企业价值能得到充分的体现，而且企业的内在价值和市场价值通常是一致的。但因为有些上市企业的市场价值常常不能准确地反映其内在价值，所以在股权分置改革之后，对于上市企业而言，市值管理的重要内容之一就是使自己的市场价值充分反映内在价值。企业在研究分析了两者不符的原因之后，需要采取措施提高两者的匹配度，从而进一步提高企业市值管理水平。专业机构往往会从市值的规模、效率、成长性三个方面来衡量企业价值。

在上述三个方面中市值的规模是最直接、最重要的指标，它反映了企业的当前价值和未来价值。同时，反映价值创造结果的还有财务指标，即市场增加值 MVA 等相关指标；在效率方面，托宾 Q 等指标反映了单位资本的市值创造能力；市场增加值和市值增长率等指标反映了企业的成长性。

（1）市场增加值（MVA）。它是企业市值与累计资本投入之间的差额，反映了企业累计为其投资者创造的财富。理论上，市场增加值 MVA 是市场对企业未来获得经济增加值 EVA 能力的反映，即市场增加值 MVA＝未来经济增加值 EVA 的折现值。

计算公式：市场增加值 MVA＝企业市值 EA－期末资本总额/期末总资产＝股票市值 MA－股东权益

(2)市场增加值率(MVAR)。它是企业市场增加值与累计资本投入之比,表明了一家企业单位资本创造了多少财富,反映了资本的投资效率。

计算公式:市场增加值率 MVAR = 市场增加值 MVA/期末资本总额/期末总资产

(3)市场增加值平均增长率(MVAG)。它是上市企业前三年市场增加值增长率的平均数值,反映了上市企业资产增长的平均速度,能够估计未来增长率。

计算公式:市场增加值平均增长率 MVAG = $0.5 \times$ 市场增加值 MVA 增长率$(t) + 0.3 \times$ 市场增加值 MVA 增长率$(t-1) + 0.2 \times$ 市场增加值 MVA 增长率$(t-2)$

补充说明:为了和其他上市企业做比较,上市不足三年的企业可以把不存在市场增加值 MVA 增长数据年份的市场增加值增长率 MVAR 用其所属行业的市场增加值的平均增长率 MVAG 来替代。同时,无法计算增长率的新上市企业也可采用此方法。

(4)市值(MV)。市值能够反映企业价值的大小,它不仅反映了企业过去的信息,还能反映企业未来的信息。市值大小反映了企业的规模大小及整体实力。

计算公式:市值 MV = 年末总股本 × 年末流通 A 股股价。

补充说明:对于同时包含 B 股、H 股或其他外资股的企业,其市值依据各股价与各股本之积之和计算。依照年底最后一个交易日的人民币兑换相应外币的汇率来计算股价。

(5)托宾 Q。托宾 Q 是企业的市场价值与企业的资本重置成本之比。若 Q 值高,企业的市场价值就高,同时也意味着企业可以进行资本重置。

计算公式:托宾 Q = 市值(MV)/期末资本总额/期末总资产

(6)市值平均增长率(MVG)。市值平均增长率是上市企业前三年市值增长率的平均值。它反映了上市企业市值增长的平均速度,且能够预估其未来增长率。

计算公式:市值平均增长率 MVG = 0.5×市值 MV 增长率(t) + 0.3×市值 MV 增长率($t-1$) + 0.2×市值 MV 增长率($t-2$)

通过对以上三个体系的建立,上市企业可构建合理的绩效管理评价体系,以此来加强对企业财务的管理。

二、企业盈利预测模型

盈利预测模型是指通过各种会计关系将对企业经营活动和资本结构的假设转化为财务报表。基于盈利预测模型,企业可以对未来的现金流量(FCF)进行计算,并利用各种相关指标为自己估值,最终实现战略的落地。

掌握盈利预测模型,我们首先需要了解它包含的内容,如下图所示。

盈利预测模型

(1)假设包括经营活动假设、营运资金假设、资本性投资假设、资本结构假设等。

(2)预测的财务报表包括利润表、资产负债表以及现金流量表等。

（3）预测的结果包括现金流量等。

其次，我们要掌握建立盈利预测模型的步骤，如下图所示。

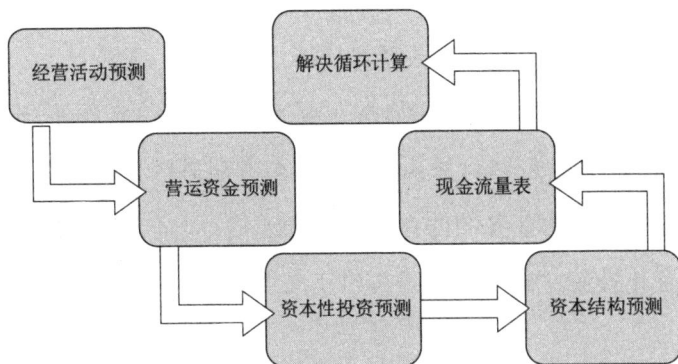

盈利预测模型建立的步骤

经营活动预测是对销售收入的增长率的预测，企业需要利用各种利润比率，如营业费用/销售收入，来更好地完成这项工作。

营运资金预测是预测营运资金项目的资金周转率或周转天数。这项工作需要结合销售收入预测来完成，而且企业要将有关数据录入资产负债表。

资本性投资预测是对企业未来资本性投资的预测，具体包括固定资产投资、土地使用权投资等。企业可根据固定资产、无形资产的折旧、摊销政策，来计算各个期间的折旧或摊销费用，并确定各期期末的固定资产与无形资产原值以及累计折旧或摊销净值。最后将有关结果分别录入利润表和资产负债表。

资本结构预测需要确定企业的目标资本结构，然后对企业债务的主要项目以及股本增减情况进行预测，最终将有关结果录入资产负债表。

企业要根据已有的利润表以及资产负债表，利用间接法来完成现金流量表的预测。

最后一步是解决循环计算。企业需要梳理现金流量表中的期末现金与资产负债表中现金的关系、现金与利息费用的关系，来对债务的额外增减情况和利息费用进行预测，并完成财务报表的编制工作。最后企业还需要通过资产与负债、权益的关系，对资产负债表进行检查。

在建立盈利预测模型时，企业除了要遵循以上几个步骤外，还要注意自身所属行业和发展战略，深入地对这两个方面进行分析。通过盈利预测模型，企业还能对业务的内在价值进行评估，从而确立各种交易的定价，或为优化投资方案、发展战略提供正确意见。

第十三章
上市流程及制度

　　IPO 对企业的发展、市值的提升有巨大的推动作用，是企业迅速提升自身市值的有效途径。在前面的章节里，介绍了 IPO 的方式及要求等基本信息，那么，企业该如何进行 IPO 的准备？如何推动 IPO 的进行？这就需要企业了解 IPO 的流程及每阶段的相关注意事项。

　　IPO 的流程包括筹备期、辅导期和发行上市，同时，在每一阶段，企业都要严格规范自身以达到上市要求。本章最后讲述了 IPO 红线及被否原因，使企业提高警惕，不因触碰相关红线导致上市失败。

第一节　上市前的准备阶段

企业公开发行上市,是其迅速壮大的主要途径。在上市之前,企业需要做一些准备工作,包括组建上市工作小组、尽职调查、制定上市工作方案等。

一、成立专项小组

因为上市工作非常复杂,涉及面广、工作量大、周期长,所以企业确定了上市目标之后,应成立上市委员会及上市工作小组,调配专门的人才来负责企业上市的相关工作。

上市委员会一般由董事长任组长,由董事会秘书、主要高管成员、企业财务负责人等相关人员作为组员,也可以聘请上市顾问加入上市委员会。

上市工作小组一般由总经办部门、人事部门、财务部门和其他有关部门选派 3~5 人组成,由上市委员会进行统一领导。上市工作小组对上市工作进行具体安排,主要包括配合上市顾问、证券商、上市律师、上市会计师、上市评估师等中介机构工作,按照要求准备详尽的资料,促进各项工作顺利完成。

　　上市过程中重大问题的决策由上市委员会负责,负责指挥上市工作小组实施上市工作,顺利完成上市计划。因此企业的领导小组及主要高层管理人员,需要参加有关上市知识的培训。

　　另外,董事会秘书的任命对企业的整个上市过程也十分重要。董事会秘书不仅是企业上市的先行官,也要具体执行上市计划。在企业上市前,董事会秘书应接受专业培训,掌握上市相关的法规政策,在上市运作中应体现出专业的工作素养,为企业拟定上市规划并上报企业决策层进行审议,并负责审议通过后的具体实施。此外,董事会秘书还要积极配合中介机构工作,确保上市计划顺利进行。

　　如果企业暂时找不到合适的董事会秘书人选,董事会秘书一职也可以由财务总监兼任。企业也可以聘请专业的上市顾问或专业人士来负责上市工作。

　　企业的上市准备还包括尽职调查。尽职调查一般在保荐人开展上市工作前进行,根据行业内公认的执业标准和职业道德,从法律、财务角度对与企业上市的相关事项进行现场调查和资料审核。

　　尽职调查的目的在于协助拟上市企业全面地了解自身情况,及时发现问题,尽快弥补与上市要求之间的差距。尽职调查还能协助中介机构进行项目风险评估,提升企业的风险防范能力和风险管理水平。尽职调查规定企业提供的信息必须真实、完整、有效。

　　尽职调查的内容包括企业成立的信息、企业的组织结构和人事情况等基本信息;企业业务和产品状况;企业经营现状以及可持续发展状况;企业的财务与资产状况;企业重要合同、知识产权、诉讼状况;企业纳税、环保、安全状况等。

　　完成尽职调查后,企业上市工作小组应当和保荐人、上市律师、上市注册会计师、上市评估师等对尽职调查结果进行合理分析,找到拟上市企业还需改进的问题并提出切实可行的方案,然后制定具体的上市工作方案。

二、制定具体方案

企业上市的战略方案对企业具有指导作用。企业股东会和董事会要对重大事项的决议进行讨论,表决通过后再实施。上市方案是各方商讨、合作后的结果,其内容应随着上市进程推进进行调整,在必要时也应做出重大方向上的调整。不管如何,合理、可行的上市方案的制定是上市成功的关键。在制定上市方案时,要注意以下几点。

(1)上市方案制定前提。上市方案应由保荐人以及企业上市工作小组、律师、注册会计师、评估师在进行尽职调查的基础上,集思广益,认真分析拟上市企业目前存在的问题,找出解决的思路与方法,进而制定企业的上市规划。

(2)上市工作方案的内容。其内容主要包括企业的现状分析、企业改制和重组的目标、股权结构的调整、资产重组的原则和内容、重组中应当注意的问题、企业上市操作的相关事宜、工作程序和时间安排以及组织实施及职责划分等。

(3)上市工作小组应根据中介机构提供的审慎调查提纲提供相关文件资料,积极配合中介机构开展审慎调查工作,使其全面了解企业情况,对上市方案进行设计。审慎调查的目的是使投资者看到的招股资料全面、真实、有效,审慎调查也是制作申报材料的基础。

(4)重组。为了保证企业满足上市条件,制定上市方案的过程中,企业应在保荐人和主承销商的协助下,对企业的业务、资产、债务、股权、人员和管理等方面的重组进行统筹安排,保证重组工作稳步进行。

(5)安排上市日程。上市方案还应确定上市的日程,具体工作包括转制重组、引入风险投资、正式上市三部分内容,一般上市需要两年左右的时间,所以要在方案中合理规划上市日程,把上市工作划分为不同的连续阶段,保证上市工作按时完成。

三、召开董事会、监事会会议

企业注资、验资完成后,发起人需要在 30 天内主持召开企业创立大会。创立大会的组成人员是参与企业设立并认购股份的人。

《公司法》第九十条规定:发起人应当在创立大会召开十五日前将会议日期通知各认股人或者予以公告。创立大会应有代表股份总数过半数的发起人、认股人出席,方可举行。

此外,发起人和认股人还规定了创立大会行使的职权:审议发起人关于公司筹办情况的报告;通过公司章程;选举董事会成员;选举监事会成员;对公司的设立费用进行审核;对发起人用于抵作股款的财产的作价进行审核;发生不可抗力或者经营条件发生重大变化直接影响公司设立的,可以作出不设立企业的决议。创立大会对前款所列事项作出决议,必须经出席会议的认股人所持表决权过半数通过。

创立大会的结束意味着董事会和监事会成员的诞生。发起人需要组织召开股份有限公司的第一届董事会会议以及第一届监事会会议,并在会议上选举董事长、董事会秘书、监事会主席、企业总经理,明确高级管理人员职位。

在上市企业中,董事会是维持组织稳定和发展的核心动力。股东之间、股东与经营者、员工及企业其他利害相关者之间,在战略规划、理念、利益分配等不同方面很难达成一致。董事会的主要职责就是化解成员之间的矛盾纠纷，保持稳定的合作关系，维护企业和成员的共同利益。

第一届监事会的股东监事候选人的选举由主要股东进行提名，这些股东是上市企业筹委会成员，持有或合并持有上市企业发行在外普通股股份总数10%。

监事会的监事由股东代表和企业职工代表担任，企业还可以根据需要设立独立监事。其中，担任监事的企业员工代表人数通常占监事总人数的1/3。监事会成员设立1名以上的专职监事。

专职监事应确保不在该上市企业、该上市企业的下属企业、该上市企业的股东单位或其他任何单位从事兼职监事工作。另外，监事会成员中应包括1名以上的具有审计、财会专业知识的人员。

同时，上市企业需聘请独立非执行董事。独立非执行董事不在企业担任董事外的其他职务，并与其受聘的上市企业主要股东之间不存在妨碍其独立客观判断的关系。独立非执行董事在企业治理结构中起着重要的作用，可以有效地监督企业运行管理、平衡控股股东与经理人权利、保护中小股东权益等。独立非执行董事能够站在较为公正的立场上，促使企业遵守良好的治理守则。独立非执行董事制度有利于完善企业治理结构；有利于推动企业的专业化运作，使得董事会的决策更具科学性。

根据《关于在上市公司建立独立董事制度的指导意见》（证监发〔2001〕102号）的要求："独立董事对上市公司及全体股东负有诚信与勤勉义务。独立董事应当按照相关法律法规、本指导意见和公司章程的要求，认真履行职责，维护公司整体利益，特别要关注中小股东的合法权益不受损害。独立董事应当独立履行职责，不受上市公司主要股东和实际控制人，或者其他与上市公司存在利害关系的单位或个人影响。"

根据《关于修改〈首次公开发行股票并上市管理办法〉的决定》的规定,企业在申请首次公开发行股票并上市时,董事会成员中应当至少包括1/3独立董事,且独立董事中至少包括一名会计专业人士(会计专业人士是指具有高级职称或注册会计师资格的人士)。

四、申请登记注册

《公司法》第九十二条规定:"董事会应于创立大会结束后三十日内,向公司登记机关报送下列文件,申请设立登记:公司登记申请书;创立大会的会议记录;公司章程;验资证明;法定代表人、董事、监事的任职文件及其身份证明;发起人的法人资格证明或者自然人身份证明;公司住所证明。以募集方式设立股份有限公司公开发行股票的,还应当向公司登记机关报送国务院证券监督管理机构的核准文件。"

企业变更登记事项需要修改企业章程则应及时提交由企业法定代表人签署的修改后的企业章程或者企业章程修正案。变更登记应依照法律、行政法规或者国务院规定,在企业变更登记前需要通过批准,还需要向登记机关提交相关的批准文件。

企业登记机关收到股份有限公司的设立登记申请文件后,开始对文件进行审核,并在30天内做出是否予以登记的决定。如果登记申请文件符合《公司法》的各项规定条件,企业登记机关将予以登记,并给企业下发营业执照;如果登记申请文件不符合《公司法》的相关规定,则不予登记。

股份有限公司的成立日期就是企业营业执照的签发日期。企业成立后,应当进行公告。拿到企业营业执照意味着企业改制顺利完成,企业进入上市之前的辅导期。

企业登记必须在国家规定的企业注册登记机关进行,根据相关条例及相关法律文件的规定,我国的企业登记机关是国家工商行政管理局和地方各级工商行政管理局。

企业无论是设立、变更或注销登记,都需要在同一登记机关进行登记,并且当企业地址出现迁移或跨地区设立分支机构时,除了要在变更地址后的登记机关登记,还要在原登记机关进行登记变更。

第二节 上市辅导期

按照中国证监会的有关规定,拟上市企业在向中国证监会提出上市申请前,均须由具有主承销资格的证券企业进行辅导,辅导期限至少3个月。本节将对辅导期的相关要点进行详述。

一、上市辅导的具体流程

根据有关规定,凡拟首次公开发行股票的股份有限公司,在首次提出公开发行股票申请前,应聘请辅导机构进行辅导。辅导机构是具有保荐资格的证券经营机构以及其他经有关部门认定的机构。

即将上市的企业接受上市辅导很有必要,并且具有以下优势:

(1)建立良好的企业治理;

(2)提升企业独立运营和持续发展的能力;

(3)树立进入证券市场的诚信意识、法制意识;

(4)企业的董事、监事、高级管理层人员应全面掌握企业发行上市的法律法规、证券市场的运行规范以及信息披露的要求;

（5）具备进入证券市场的基本条件。

拟上市企业在辅导期面临的第一个问题就是接受上市辅导的程序，其程序具体如下。

1. 聘请辅导机构

拟上市企业在选择辅导机构时，要综合考察辅导机构的独立性、专业资格、资信状况、市场推广能力、承办人员的业务水平等因素。

2. 辅导机构提前入场

按规定，上市辅导在企业改制完成后正式开始，但由于改制是上市辅导工作的重点，因此在选定辅导机构之后，企业应让辅导机构尽早介入上市发行方案的总体设计和具体操作。

3. 双方签署协议，登记备案

股份企业成立后，就需要及时与辅导机构签署正式的辅导协议。同时企业与辅导机构需要在辅导协议签署后 5 个工作日内到企业所在地的证监会派出机构办理辅导备案登记手续。

4. 报送辅导工作备案报告

辅导开始后，每 3 个月辅导机构需要向证监会派出机构寄送一次辅导工作备案报告。

5. 整改企业现存问题

在辅导过程中，辅导机构会针对拟上市企业现存的问题提出整改意见，由企业主导整改现存问题。

6. 公告准备发行股票事宜

拟上市企业应在辅导期满 6 个月之后的 10 天内接受辅导、向媒体公告准备上市事宜，接受社会的监督。公告后，如果证监会派出机构收到关于拟上市企业的举报信,就会组织调查相关信息,企业应积极配合,消除上市过程中的风险。

7. 辅导书面考试

在辅导期内,所有接受辅导人员要接受辅导机构的书面考查至少一次,直到全体应试人员的考核成绩全部合格为止。

8. 提交辅导评估申请

辅导协议期结束后,如果辅导机构认为拟上市企业已达到上市标准,需要向证监会派出机构报送"辅导工作总结报告",提交辅导评估申请。如果辅导机构和拟上市企业认为没有达到计划目标,可以向证监会派出机构申请适当延长辅导时间。

9. 辅导工作结束

证监会派出机构在收到辅导机构向其提交的辅导评估申请后,将于20个工作日内完成对辅导工作的评估。辅导工作评定合格后,证监会派出机构就会向中国证监会出具"辅导监管报告",表明对辅导效果的评估意见,辅导到此结束。如果证监会派出机构对辅导评估的评审结果为不合格,则辅导机构需要根据实际情况延长辅导时间。

二、上市辅导的具体内容

辅导机构在对企业的上市辅导过程中,应在尽职调查的基础上,依据上市法律法规规定的辅导内容对企业进行辅导,主要包括以下几个方面:

(1)辅导机构应组织并督促企业董事、监事、高级管理人员及持有5%以上(包括5%)股份的股东进行上市规范运作和其他证券基础知识的学习、培训和考试,增强其法制观念和诚信意识。

（2）辅导机构应核查股份有限公司的合法性与有效性,核查内容包括改制重组、股权转让、增资扩股、折股或验资等是否合法,产权关系是否明晰,股权关系是否符合规定。

（3）辅导机构应核查股份有限公司人事、财务情况、资产情况,以及供、产、销系统的独立性和完整性,促进核心竞争力的发展。此外,辅导机构还要督促企业依据相关规定初步建立符合企业发展要求的治理制度,例如妥善处理企业商标、企业用地、房屋产权等资产的所属权问题。

（4）辅导机构应监督企业建立健全组织机构、完善内部决策和控制制度,形成完善的财务、投资、内部约束和激励制度,同时还要建立符合上市企业要求的信息披露制度。

（5）辅导机构还应及时督促企业规范控股股东其他关联方的关系,妥善处理同行业企业之间的竞争和关联交易问题。

（6）辅导机构应帮助拟上市企业确立业务发展目标和计划,同时制定募股资金的投向及其他投资的项目规划。

（7）辅导机构应帮助拟上市企业开展首次公开发行股票的相关工作,综合评估企业是否达到上市发行条件。

在辅导前期,辅导机构就应协助企业进行摸底调查,制定全面的辅导方案;辅导机构在辅导中期就应协助企业集中学习和培训,发现并解决问题;在辅导后期,辅导机构应对企业进行考核评估,完成辅导计划,做好上市申请文件的准备工作。

（8）辅导机构应督促企业做到独立运作。具体表现在企业的业务、资产管理、员工分工、财务政策、机构设置等方面健全独立,主要业务突出,核心竞争力稳步提升。

企业需要注意辅导的有效期是 3 年,此次辅导期满后的 3 年之内,拟上市企业都可以向主承销商提出股票发行和上市申请,超过 3 年后,还应继续按照办法规定的程序及要求重新聘请辅导机构对企业进行辅导。

三、上市独立性要求

上市企业缺乏独立性存在诸多弊端,如经营业绩失真、业务不稳定、利益被侵害等,严重影响上市企业的健康发展。因此,企业在上市辅导过程中,应根据相关法律法规,在辅导机构的指导下实现其独立性,独立性的具体要求如下。

1. 人员独立

企业的工作、人事和工资管理必须完全独立。董事长不可为法人股东的法定代表人;董事长、副董事长、总经理、副总经理等企业高层,不能在法人股东担任除董事外的其他行政职务,也不可在法人股东领取薪水;财务人员不可在关联企业兼职。

2. 资产完整

企业应具备生产经营所必备的资产。企业改制时,企业使用的生产和辅助生产系统及配套设施、工业产权和技术等资产必须全都进入发行上市主体。企业向证监会提交发行上市申请时的最近一年、最近一期,通过承包、租赁或其他方式,依靠控股股东和其全资或控股企业的资产进行经营所得的收入,不超过其主营业务收入的30%;企业不可以企业资产为股东、股东控股子公司和股东的附属公司提供担保。

3. 财务独立

企业应设立单独的财务部门,建立健全财务管理制度,独立核算及在银行开户,独立纳税,不可与其控股股东共用银行账户,企业的财务决策、资金使用不受控股股东干涉。

4. 机构独立

企业的董事会及其他内部机构应独立运作,控股股东及其下属部门与企业及其下属部门之间不是上下级关系。控股股东及其下属部门不得向企业及其下属部门下达计划或指令,也不得影响其经营管理的独立性。

5. 业务独立

企业应具备完整的业务体系和面向市场独立经营的能力。若是生产经营企业,应具备独立的产、供、销体系,关联交易必须遵循市场公正、公平的原则。

四、股票发行计划

上市辅导不仅要规范企业运作,还要对企业股票的发行做出详细的计划,通过企业与辅导机构协商完成股票发行计划,从而更好地推动股票发行工作的开展。股票发行计划主要有募集资金投向、募集资金额、股票发行价格、发行量、股票发行时间五方面需要确定的内容。

1. 募集资金投向的确定

募集资金投向应符合国家相关政策,确保可行。投资项目立项审批的时间和结果都是不确定的,项目的可行性也会随着时间推移而变化,因此,企业可多储备一些投资项目,增加其选择范围,避免陷入被动局面。

2. 募集资金额的确定

募集资金额应满足投资项目的资金需求。通常情况下,融资总额等于预计总市值乘以预计发行比例,而预计发行比例一般不低于总股本的25%。

3.股票发行价格的确定

股票发行定价,应考虑股票的未来潜力、可比企业的股票价格、证券市场的大环境、政府的政策等因素。证监会对企业首次公开发行股票的定价管制较为严格,例如,股票发行市盈率原则上不超过20倍。

4.股票发行量的确定

一方面,股票发行量需满足股票上市的法定条件。根据《交易所上市规则》的相关规定,企业发行后股本总额不少于5 000万元,向社会公开发行的股份不少于发行后股本总额的25%,才能申请股票上市;另一方面,股票发行量应以实现筹资计划为目的。在募集资金额确定的情况下,由于股票发行价格有20倍发行市盈率的上限,因此股票发行量必须扩大规模才能达到融资需求。当然,具体的股票发行量通常取决于发行价格的高低。

5.股票发行时间的确定

应考虑的因素包括:

确定股票发行时间

(1)能否如期完成募集资金;

(2)预计提交上市申请时是否满足股票发行上市条件;

(3)预计发行股票时的证券市场环境;

(4)股票发行上市的政策变化趋势。

在上市辅导中,企业应与辅导机构通力合作,对组织结构、运营等方面做出调整,确保自身独立性。同时,在上市辅导时期,双方还要共同协商上市所需的流程,制订合理、可行的股票发行计划。

五、制作申报材料、申请报批

在申报与核准阶段,拟上市企业首先要制作申报上市的正式材料。申报材料主要由各中介机构分工制作,然后由主承销商汇总并出具推荐函。主承销商核查通过后就会将申报材料报送证监会审核。

根据证监会发布的《公开发行证券的公司信息披露内容与格式准则第9号——首次公开发行股票并上市申请文件》的要求:"发行人报送的申请文件应包括公开披露的文件和一切相关的资料。"

整套申请文件包含两部分:一部分是应在指定的报刊及网站上披露的文件,如招股说明书及摘要、发行公告等;另一部分是不必在指定的报刊及网站上披露的文件,如发行人律师意见、募集资金运用的有关文件、发行申请及授权文件、发行定价、股份有限公司的设立文件及章程、发行定价分析报告和其他相关文件等。发行人应准备完整的申请文件,且发行申请经过证监会核准通过,并且发行人对第一部分文件进行披露后,整套文件就可提供给投资者进行查阅。

拟上市企业要按照规定查看申报材料有无遗漏,若发现遗漏,应及时补齐。

证监会在收到拟上市企业的上市申请文件后,会在5个工作日内作出是否受理的决定。如果同意受理,拟上市企业需要按照相关规定向证监会交纳审核费。

员会审核；证监会根据发行审核委员会的审核意见对拟上市企业的申请作出核准或不予核准的决定。

如果证监会作出核准决定，会出具核准文件；反之，则会出具书面决定并说明不予核准的理由。上市申请不予核准的企业可以在接到证监会书面决定之日起两个月内提出复议申请。证监会收到复议申请后两个月内重新作出决定。

2015 年 11 月 27 日，证监会发布《关于进一步规范发行审核权力运行的若干意见》，意见指出："在正常审核状态下，从受理到召开反馈会不超过 45 天，从发行人落实完毕反馈意见到召开初审会不超过 20 天，从发出发审会告知函到召开发审会不超过 10 天。"

此外，企业还需对举报信处理程序予以重视。证监会对举报信的处理是独立运转的，不会影响发行审核进度。缺少依据、缺少线索、缺少署名的举报信，应由保荐机构和其他申报中介机构进行核查；对于明确线索、署名和联系方式的举报信，证监会可做同业复核。在举报信被中介机构核查的过程中，企业应对举报情况进行具体说明。对于在审核过程中收到的举报信，证监会应及时处理，处理完毕后，才能准核发行。

第三节　发行上市

企业取得证监会核准上市的批文以后，就可以刊登招股说明书，进行询价与路演，按照发行方案发行股票。下面具体讲述发行上市的流程。

一、刊登招股说明书

招股说明书是企业在公开发行股票时，就募股事项发布的书面通告。

1. 招股说明书的内容

(1) 企业概况:企业历史事件、性质、组织结构及员工状况、董事、经理、发起人名单等;

(2) 企业经营计划:资金分配情况、收支及盈余预算等;

(3) 企业业务现状和未来预期:设备情况、经营品种、经营范围及方式、市场营销分析和预估;

(4) 专业人士对企业业务、技术、财务的审查意见;

(5) 股本和股票发行:股本形成、股权结构、股权变动历程、股息分配情况、股票发行的起止日期、总额和每股金额、股种及其参股限额、购买股份手续、企业股票承销机构等;

(6) 企业财务状况:注册资本、资产负债表和损益表、年底会计师报告等;

(7) 企业近几年年度报告书;

(8) 附企业章程及有关规定;

(9) 附企业股东大会重要决议;

(10) 其他事项。

2. 制作招股说明书应注意的问题

企业在首次公开发行股票,正式交易之前需要刊登招股说明书。拟上市企业制作招股说明书时需要注意以下六个问题:

第一,说明风险因素,给出有效的应对之策,增强信服力;

第二,说明募集资金的使用情况,具体介绍资金流向了哪些项目;

第三,具体介绍企业上市后的股利分配政策,让投资者和股民了解可以得到的回报;

第四,给出过去至少3年的经营业绩,说明企业经营的稳定性;

第五，说明企业的股权分配情况，重点介绍发起人、重要投资者的持股情况；

第六，精准预测企业未来的盈利状况，这将直接关系到股票的发行情况。

发起人可以研读已上市企业的招股说明书，然后结合自身实际需求撰写招股说明书。一般情况下，在发出上市申请的时候，招股说明书的申报稿就已经完成。在发行上市之前，企业需要与证券交易所协商招股说明书的定稿版，然后在证券交易所官网刊登招股说明书。

二、进行询价与路演

刊登招股说明书以后，拟上市企业与其保荐机构需要开展询价路演活动，通过向机构投资者询价的方式确定股票的最终发行价格。

1. 询价

询价包括初步询价和累计投标询价两个步骤。

首先是初步询价，即拟上市企业及其保荐机构向机构投资者推介和发出询价函，以反馈回来的有效报价上下限确定的区间为初步询价区间。

其次是累计投标询价。如果投资者的有效申购总量超过本次股票发行量，但是超额认购小于 5 倍，那么以询价下限为发行价；如果超额认购大于 5 倍，那么从申购价格最高的有效申购开始逐渐向下累计计算，直至超额认购倍数首次超过 5 倍为止，将此价格定为发行价。在中小板上市时，基本不需要累计投标询价。

2. 路演

在询价期间，拟上市企业要以路演的形式向社会进行股票推广。

路演是指公开发行股票的企业以公开宣传的方式向社会推介自己股票的说明会，以吸引更多投资者购买股票。

路演推介工作流程包括以下几个步骤，如右图所示。

（1）路演准备工作。路演准备工作包括联络初步询价对象、确定路演对象、联系会务事宜、成立路演小组、管理层路演彩排等。

（2）预路演。预路演主要是面对重要的机构投资者，在预路演中，企业要推介自身的价值与卖点、确定合理的价格区间等。

路演准备工作	1
预路演	2
网下路演	3
信息披露	4
网上路演	5

路演推介工作
的流程

（3）网下路演。网下路演就是线下路演，在此过程中，企业通过累计订单确定发行价格，同时投资者进行认购。

（4）信息披露。信息披露包括刊登招股意向书、刊登发行公告和进行公开宣传等。

（5）网上路演。按流程来说，网上路演可以和网下路演同时进行，时间灵活，主要是面对散户投资者。

在路演推介的过程中，路演可分为三种方式，如下图所示。

| 01 | 02 | 03 |
| 一对一路演 | 三地公开路演 | 网上路演 |

路演的三个阶段

（1）一对一路演。顾名思义，一对一路演是指拟上市企业和券商的资本市场部以及 IPO 项目组带着招股说明书、投资研究报告、企业宣传片、PPT 以及定制小礼物等到北京、上海、广州、深圳等一线城市拜会投资者，与投资者进行一对一的沟通和推介。

（2）三地公开路演。三地公开路演一般是指拟上市企业在北京、上海、深圳三地公开召开推介会议，邀请基金、券商、资产管理企业、私募等机构投资者参加。会议内容与一对一路演相似，但听众更多。

（3）网上路演。网上路演是指拟上市企业的管理层、保荐团队代表通过网上投资者互动平台回答股民针对企业上市提出的各种问题。在开展网上路演之前，股票的首日发行价已经定下来，对发行结果和网上认购数量没有多少影响。

在企业进行询价与路演的过程中，一定要做好充足的准备，与外界各方联络和内部组织协调等工作都要有序进行。企业组织内部的协调、企业内部与外部各方加强联络是询价路演工作顺利进行的强力推动剂。

三、刊登上市公告书并上市交易

询价与路演环节结束之后，企业就可以刊登上市公告书并上市交易了。上市公告书是拟上市企业在股票上市前按照《证券法》和证券交易所交易规则相关要求向公众公告发行与上市有关事项的信息披露文件。

上市公告书应当包括招股说明书的基本内容和企业近期的重要材料：

（1）证券获准在证券交易所交易的日期和批准文号；

（2）企业概况；

（3）股票发行与承销情况；

（4）创立大会或股东大会同意企业证券在证券交易所交易的决议；

（5）企业董事、监事及高级管理人员简历和持股情况；

（6）企业近三年来或成立以来的经营业绩和财务状况以及下一年的溢利预测文件；

（7）主要事项揭示；

（8）上市推荐意见；

（9）备查文件目录等。

上市公司需要在股票挂牌交易日之前的 3 天内，在证监会指定的报刊上刊登上市公告书，并将公告书备置于公司所在地，以及挂牌交易的证券交易所、有关证券经营机构及其网点，就公司本身及股票上市的有关事项，向社会公众进行宣传和说明，以利于投资者在公司股票上市后，做出正确的买卖选择。

撰写上市公告书需要注意哪些问题，如下页图所示。

（1）数据可信，货币金额为人民币。上市公告书中引用的数据应当有客观的依据，并给出权威的资料来源。表述数据的数字格式应采用阿拉伯数字，货币金额应为人民币，以元、千元或万元为单位。如果使用港元、美元等货币单位，需要有特别说明。

（2）保证外文译本与中文译本的一致性。拟上市企业可以根据有关规定或其他需求编制上市公告书的外文译本，但必须保证中文、外文文本的一致性。另外，还需要在外文译本上注明："本上市公告书分别以中、英（或日、法等）文编制，在对中外文本的理解上发生歧义时，以中文文本为准。"

（3）使用事实描述性语言。上市公告书使用的语言为事实描述性语言，风格为简明扼要、通俗易懂。

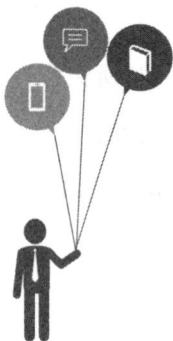

01	数据可信，货币金额为人民币
02	保证外文译本与中文译本的一致性
03	使用事实描述性语言

撰写上市公告书需要注意的问题

企业上市后，保荐机构对于上市企业还有一个督导期，即保荐机构要对上市企业的经营负责。这一方面规范了企业的运营，有效地防范了虚假上市企业弄虚作假的情况；另一方面，保荐机构往往也是企业的主承销商，企业上市后的经营也离不开保荐机构的承销运作，同时，保荐机构还可以是企业的财务顾问，可以为企业提供更多的融资渠道，推动企业上市后的发展。